Günter Schenk

CITY|TRIP

VILNIUS · KAUNAS

NICHT VERPASSEN!

2 **KATHEDRALE [L8]**
Die Kathadrale ist das religiöse Herz der Stadt Vilnius. In der Basilika liegen Könige und Großfürsten begraben – und natürlich der Nationalheilige Kasimir (s. S. 51).

6 **ST. PETER- UND PAUL-KIRCHE [N6]**
Diese Perle des Barock zieren rund zweitausend Stuckfiguren – reicher ist keine andere Kirche des Landes ausgestattet (s. S. 58).

7 **ST. ANNENKIRCHE UND BERNHARDINER-KIRCHE [M8]**
Die Kirchen sind architektonische Juwelen aus mehr als als dreißig verschiedenen Sorten Ziegelstein und bilden das sogenannte „Gotische Ensemble" (s. S. 59).

21 **TOR DER MORGENRÖTE [L10]**
Litauens wichtigstes Pilgerziel beherbergt die „Heilige Jungfrau Maria, Mutter der Barmherzigkeit" – ein angeblich wundertätiges Marienbild aus dem 17. Jahrhundert (s. S. 70).

24 **UŽUPIS [M9]**
Im „Narrenstaat" Užupis regiert der künstlerisch-anarchistische Freigeist. Das Szeneviertel im Osten der Stadt Vilnius hat sogar seine eigene Verfassung (s. S. 72)!

26 **MUSEUM DER GENOZIDOPFER [J7]**
Folterkammern und Gefängniszellen erzählen von den Gräueltaten der Nazis und der Sowjets. Ein bewegender Ausflug in Litauens jüngste Vergangenheit (s. S. 75).

33 **BURG TRAKAI**
Die viel besuchte Wasserburg mitten im Galve-See ist eines der touristischen Aushängeschilder Litauens (s. S. 81).

35 **RATHAUS UND RATHAUS-PLATZ, KAUNAS [bj]**
Der größte Altstadtplatz von Kaunas bietet Gotik und Barock vom Feinsten (s. S. 95).

44 **TEUFELSMUSEUM [ei]**
Das Böse hat nicht nur einen Namen, sondern auch ein Gesicht: Mehr als Tausend Teufelsdarstellungen erzählen diabolische Geschichte(n) (s. S. 101).

48 **FREILICHTMUSEUM RUMŠIŠKÉS**
In diesem schönen Freilichtmuseum gibt es Tradition zum Anfassen (s. S. 104).

Leichte Orientierung mit dem cleveren Nummernsystem
Die Sehenswürdigkeiten der Stadt sind zum schnellen Auffinden mit **fortlaufenden Nummern** versehen. Diese verweisen auf die ausführliche Beschreibung **im Kapitel „Vilnius entdecken"** und zeigen auch die genaue Lage **im Stadtplan.**

IMPRESSUM

Günter Schenk
CityTrip Vilnius und Kaunas

erschienen im
REISE KNOW-HOW Verlag Peter Rump GmbH,
Osnabrücker Str. 79, 33649 Bielefeld

© Peter Rump
1. Auflage 2011

Alle Rechte vorbehalten.

ISBN 978-3-8317-2001-9
PRINTED IN GERMANY

Herausgeber und Gestaltungskonzept:
  Klaus Werner
Lektorat: amundo media GmbH
Layout: Günter Pawlak (Umschlag),
  Anna Medvedev (Inhalt)
Fotos: Günter Schenk (der Autor, gs)
Karten: Ingenieurbüro B. Spachmüller,
  amundo media GmbH
Druck und Bindung:
  Fuldaer Verlagsanstalt GmbH & Co. KG

Dieses Buch ist erhältlich in jeder Buch-
handlung Deutschlands, der Schweiz,
Österreichs, Belgiens und der Niederlande.
Bitte informieren Sie Ihren Buchhändler
über folgende Bezugsadressen:
  Deutschland: Prolit GmbH, Postfach 9,
  D-35461 Fernwald (Annerod)
  sowie alle Barsortimente
  Schweiz: AVA-buch 2000, Postfach,
  CH-8910 Affoltern
  Österreich: Mohr Morawa Buchvertrieb
  GmbH, Sulzengasse 2, A-1230 Wien
  Niederlande, Belgien: Willems
  Adventure, www.willemsadventure.nl

Wer im Buchhandel trotzdem kein Glück
hat, bekommt unsere Bücher auch über
unseren Büchershop im Internet:
www.reise-know-how.de

CITY|TRIP
VILNIUS
UND KAUNAS

001 vi Abb.: - gs

INHALT

EXKURSE ZWISCHENDURCH

BENUTZUNGSHINWEISE

CITY-FALTPLAN

Die im Buch beschriebenen Örtlichkeiten wie Sehenswürdigkeiten, Restaurants, Hotels, Cafés usw. sind mit Symbolen und Nummern eingetragen.

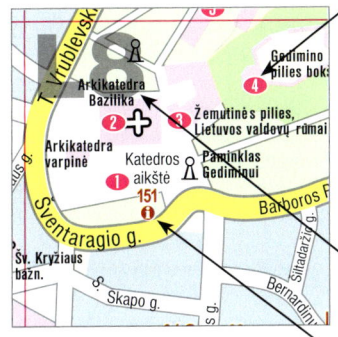

Ortsmarken mit fortlaufender Nummer, aber ohne Angabe des Planquadrats liegen außerhalb des im Buch abgebildeten Kartenmaterials. Sie können aber wie alle im Buch beschriebenen Örtlichkeiten leicht in unseren speziell aufbereiteten Internet-Karten lokalisiert werden (siehe hintere Umschlagklappe).

ORIENTIERUNGSSYSTEM

Zur schnelleren Orientierung tragen alle Hauptsehenswürdigkeiten und Lokalitäten die gleiche Nummer sowohl im Text als auch im Kartenmaterial:

❹ Die Hauptsehenswürdigkeiten werden in den Abschnitten „Vilnius entdecken" und „Ausflug nach Kaunas" beschrieben und mit einer fortlaufenden magentafarbenen Nummer gekennzeichnet, die auch im Kartenmaterial eingetragen ist.
   Stehen die Nummern im Fließtext, verweisen sie auf die jeweilige Beschreibung der Sehenswürdigkeit in den oben genannten Abschnitten.

[L8] Die Angabe in eckigen Klammern verweist auf das Planquadrat im Kartenmaterial, in diesem Beispiel auf das Planquadrat L8.

❶151 Mit Symbol und fortlaufender Nummer sind die sonstigen Lokalitäten wie Cafés, Geschäfte, Hotels, Infostellen usw. gekennzeichnet.

ABKÜRZUNGEN

alėja (al.)	Allee
gatvė (g.)	Straße
aikštė (a.)	Platz
prospektas (pr.)	Boulevard

BEWERTUNG DER SEHENSWÜRDIGKEITEN

★★★	auf keinen Fall verpassen
★★	besonders sehenswert
★	wichtige Sehenswürdigkeit für speziell interessierte Besucher

DER AUTOR

Schon vor ihrer Unabhängigkeit bereiste **Günter Schenk** die baltischen Staaten und besonders gern war er in Litauen zu Gast, dessen Wandel vom Sozialismus zur freien Marktwirtschaft er schließlich selbst erlebte. Immer wieder machte er auch in Vilnius oder Kaunas Station und nahm die beiden größten litauischen Städte für diesen Reiseführer noch einmal ganz besonders unter die Lupe, inspizierte Straßen und Plätze, war in Museen und Klubs, Restaurants und Cafés, Hotels und Jugendherbergen.

Als freier Reisejournalist arbeitet Günter Schenk für renommierte Zeitungen und Magazine wie „GEO-Saison", „Augsburger Allgemeine", „Rhein-Neckar-Zeitung", „Rhein-Main-Presse", „Badische Zeitung", „Münchner Merkur", „Badische Neueste Nachrichten" und verschiedene Zeitschriften. Im REISE KNOW-How Verlag erschienen sind seine CityTrip-Bände „Liverpool", „Antwerpen, Brügge, Gent", „Brüssel" und „Rotterdam" und außerdem der Praxis-Band „Europas schönste Feste erleben".

SCHREIBEN SIE UNS

Dieser CityTrip-Band ist gespickt mit Adressen, Preisen, Tipps und Infos. Nur vor Ort kann überprüft werden, was noch stimmt, was sich verändert hat, ob Preise gestiegen oder gefallen sind, ob ein Hotel, ein Restaurant immer noch empfehlenswert ist oder nicht mehr usw. Unsere Autoren sind zwar stetig unterwegs und erstellen alle zwei Jahre eine komplette Aktualisierung, aber auf die Mithilfe von Reisenden können sie nicht verzichten.

Darum: Schreiben Sie uns, was sich geändert hat, was besser sein könnte, was gestrichen bzw. ergänzt werden soll. Wenn sich die Infos direkt auf das Buch beziehen, würde die Seitenangabe uns die Arbeit sehr erleichtern. Gut verwertbare Informationen belohnt der Verlag mit einem Sprechführer Ihrer Wahl aus der über 220 Bände umfassenden Reihe „Kauderwelsch".

Bitte schreiben Sie an:
REISE KNOW-How Verlag Peter Rump GmbH, Postfach 140666, D-33626 Bielefeld, oder per E-Mail an: info@reise-know-how.de

Danke!

Latest News
Unter **www.reise-know-how.de** werden regelmäßig aktuelle Ergänzungen und Änderungen der Autoren und Leser zum vorliegenden Buch bereitgestellt. Sie sind auf der Produktseite dieses CityTrip-Titels abrufbar.

AUF INS VERGNÜGEN

VORÜBERLEGUNGEN

Vilnius eignet sich gut für einen verlängerten Wochenendausflug. Wer über **Kaunas** (s. S. 83) anreist, kann seinen Aufenthalt in Litauen auch leicht mit einem Besuch in Litauens zweitgrößter Stadt ergänzen. Die **Verbindungen** zwischen Vilnius und Kaunas sind gut. Die Fahrzeit beträgt rund 75 Minuten, egal ob man einen schnellen Zug oder das Auto nutzt. Viele Reisende werden die beiden Städte aber im Rahmen einer Rundreise durch das Baltikum kennenlernen – oder auf dem Weg an einen der weiten Ostseestrände, die wie die Kurische Nehrung immer mehr Freunde finden.

Vilnius und Kaunas sind **Ganzjahres- und Allwetterziele.** Am reizvollsten sind jedoch die hellen und warmen Sommer und der frühe Herbst oder auch die Zeit zwischen Weihnachten und Karneval, wenn sich beide Städte nicht selten in ein weißes Winterkleid hüllen. Einkaufsfreudige kommen eigentlich immer auf ihre Kosten, da die großen Läden inzwischen jeden Tag geöffnet haben, manche gar rund um die Uhr.

VILNIUS AN EINEM WOCHENENDE

1. TAG

Vormittags

Los geht es auf dem **Kathedralenplatz ❶**. Er ist das historische Herz der Stadt, deren Altstadt unter dem Schutz des UNESCO-Weltkulturerbes steht. Eine Visite der **Kathedrale ❷** und der sich darin befindenden Kasimirkapelle gehören zu jedem Besuchsprogramm. Hinter dem rekonstruierten **Großfürstenpalast ❸** lockt der Aussichtsturm auf dem Burgberg. Von der **Oberen Burg ❹** bietet sich einer der schönsten Blicke über die Stadt – allerdings lohnt sich der Aufstieg nur bei gutem Wetter (Fußfaule nutzen das Bähnchen, das vom Hof des Litauischen Nationalmuseums ❺

◀ *Vorseite: Seifenblasenspaß – Sommervergnügen im Lukiškių Park [J7]*

zum Burgberg verkehrt). Kulturbeflissene machen anschließend einen Abstecher in die **Museen** zu Füßen des Burgberges, um mehr über die Geschichte des Landes und der Stadt zu erfahren. Einkaufsfreudige schlendern den **Gedimino-Boulevard ㉕** in Richtung Westen entlang, eine kilometerlange Prachtallee mit Geschäften und Einkaufsgalerien, aber auch Restaurants und Cafés finden sich hier und in den Seitengassen wie der Vilniaus gatvė.

Nachmittags

Nach der Mittagsrast empfiehlt sich eine Stippvisite im **Museum der Genozidopfer ㉖**, das einen Eindruck von den Gräueln der Sowjet- und der Naziherrschaft vermittelt. Dann gilt es, sich zu entscheiden: Will man schnell in die **Altstadt** eintauchen, die man über die Pamėnkalnio gatvė [J8] erreicht, oder erst eine Stippvisite im **modernen Vilnius** mit seinen Hochhäusern und dem supermodernen Einkaufszentrum Europa (s. S. 16) machen? Eine Fußgängerbrücke in Verlängerung der J. Tumo-Vaižganto gatvė [J6] bringt einen über den Fluss Neris zügig dorthin.

Nach dem Einkaufsbummel lockt die **Sky Bar** (s. S. 28) im nahen Radisson Blu Hotel Lietuva (s. S. 123), wo man vom 22. Stock aus täglich ab 17 Uhr den wohl schönsten Blick über die Stadt genießt. Nach ein oder zwei Cocktails, einem kühlen Bier oder auch nur einem Tee oder Cappuccino bringt einen das Taxi schnell und sicher zum Hotel zurück – wenn man nicht gleich im Radisson seine Zelte aufgeschlagen hat.

Abends

Abends folgt die Qual der Wahl. Kultur oder einfach nur gut essen? Während der Theatersaison sind **Oper** (s. S. 29) und **Schauspielhaus** (s. S. 29) des litauischen Nationaltheaters sowie die **Nationalphilharmonie** (s. S. 29) immer einen Besuch wert. In den spielfreien Sommermonaten bummelt man gemütlich über die belebteste Nord-Süd-Achse der Stadt, über Pilies [L8/9], Didžioji [L9] und Aušros Vartų gatvė [L10], wo sich die **Restaurants** und **Cafés** ballen. Das Open-Air-Treiben hier mutet fast mediterran an, so z. B. auf der Sommerterrasse des Restaurants **Felicie** (s. S. 23). Interessante Lokale finden sich auch in den kleinen Gassen der Altstadt, so das **Bistro 18** (s. S. 25) in der Stiklių gatvė oder das **Cozy** (s. S. 25) in der Dominikonų gatvė. Und wer es ganz vornehm und auch ein bisschen teurer mag: Prominente aus Wirtschaft und Politik speisen gern im Restaurant des Hotels **Stikliai** (s. S. 123). Wer nach dem Essen noch Zeit und Lust zum Tanzen hat, findet die wichtigsten Musikklubs (s. S. 28) ebenfalls in der Altstadt.

2. TAG

Vormittags

Vom **Rathausplatz** ⓰, dem zentralen Treffpunkt in der Altstadt, starten wir in den zweiten Tag. Vorbei an der **Kasimirkirche** ⓲ mit ihrer sehenswerten Krypta geht es weiter zum **Tor der Morgenröte** ㉑. Dort ist die „Heilige Jungfrau Maria, Mutter der Barmherzigkeit" zu Hause. Sie ist Litauens populärste Marienfigur – eine schwarze Madonna, die Tag für Tag die Pilger lockt. Einen kurzen Blick sollten Reisende auf alle Fälle auch in die benachbarte **St. Theresienkirche** ⓴ werfen und die nicht weit entfernte **orthodoxe Heilig-Geist-Kirche** ⓳. Wer mit Kindern unterwegs ist, kann statt der Kirchen auch das **Wachsfigurenkabinett** (s. S. 32) besuchen, wo der tollkühne Filmheld Shrek und Zauberer Harry Potter ebenso zu finden sind wie Gestalten aus dem Epos „Herr der Ringe". Zurück über den Rathausplatz, an dessen Südwestende sich das Zentrum für Zeitgenössische Kunst ⓱ befindet, geht es an den **Souvenirständen** der Didžioji und der Pilies gatvė entlang. Abstecher in die Seitenstraßen, wo kleine **Kunsthandwerksläden** versteckt sind, lohnen ebenfalls – und auch **Präsidentenpalast** ⓬ und **altes Universitätsviertel** ⓾ finden sich hier.

Nachmittags

Das sogenannte **Gotische Ensemble** ist nach dem Mittagessen die erste Anlaufstation. Es besteht aus der St. Annen- und der Bernhardinerkirche ❼, die zu den schönsten Gotteshäusern der Stadt gehören. Wer an religiöser Kunst interessiert ist, sollte unbedingt in der benachbarten **Michaelskirche** ❽ Halt machen. Im neuen **Museum für kirchliches**

■ DAS GIBT ES NUR
IN VILNIUS

> *Blumenmarkt (s. S. 17):* Eine duftende Oase etwas abseits der Altstadt mit Blumenverkauf rund um die Uhr. Hier bekommt man vom einfachen Feldstrauß bis zum teuren Rosenbouquet so ziemlich alles. Da kommen Auge und Nase auf ihre Kosten. Ein Besuch lohnt freilich nur für wirkliche Blumenfreunde!

㉔ *[M9] Užupis:* Mit kleinen Galerien, Boutiquen, Cafés und Restaurants lockt der Szenestadtteil Užupis, der sich als eigener „Narrenstaat" mit Ministern und Verfassung versteht. Nationalfeiertag ist der erste April, an dem die Narren-Republik jährlich ihre Gründung feiert.

㉛ *Mittelpunkt Europas:* Vor den Toren der Stadt markiert eine weiße Granitsäule den Mittelpunkt Europas. Dass neuere Berechnungen diese Landmarke inzwischen ein paar Kilometer näher an Vilnius herangerückt haben, ist allenfalls ein Schönheitsfehler.

> *Heiliger mit drei Händen:* Die Kasimirkapelle (s. S. 52) für den gleichnamigen Nationalheiligen in der Kathedrale ist noch heute ein beliebter Ort des Gebets und der Andacht. Ein wundersames Altarbild zeigt Kasimir dort gleich mit drei Händen – der Legende nach kam die dritte Hand trotz mehrmaligen Übermalens immer wieder unter der Farbe zum Vorschein.

Kulturerbe finden sich dort die Kirchenschätze der Stadt. Wer will, kann sich im Fahrradladen gegenüber (Velo-City, s. S. 118) einen Drahtesel ausleihen und die Stadt mit dem Rad erobern. Durch den Sereikiškių-Park geht es weiter zum Zusammenfluss der beiden Flüsse Vilnia und Neris, dem ältesten Siedlungsgebiet der Stadt. Etwas weiter findet sich die **St. Peter- und Paul-Kirche ❻**, das barocke Juwel der Stadt. Wer sich statt für Kirchenkunst für Oldtimer und Technik interessiert, ist im neuen **Energiemuseum ㉘** auf der Nordseite der Neris bestens aufgehoben.

Abends

Abends – vor allem im Sommer – lockt das Künstlerviertel **Užupis ㉔**, das man über eine der Brücken über die Vilnia erreicht. Es ist der Stadtteil der Bohemiens, der Alternativkünstler und der Graffitis. Hier hat Vilnius ein anderes Gesicht: ein bisschen frecher und freier. **Tores** (s. S. 24) heißt das Café-Restaurant am Rand des Kalnų-Parks, von dem man einen wunderschönen Blick über die Altstadt hat. Der richtige Platz, um Abschied von Vilnius zu nehmen!

ZUR RICHTIGEN ZEIT
AM RICHTIGEN ORT

Vilnius ist eine Stadt voller Lebenslust, das spiegelt sich auch im jährlichen, vor allem von Musik, Gesang und Tanz geprägten Veranstaltungskalender wider. Moderne Tanzensembles gastieren auf den großen Festivals, Folkloregruppen aus dem Baltikum treten den Sommer über auf Straßen und Plätzen auf. Je kürzer die Nächte, desto lebhafter geht

es zu. Am ausgelassensten ist die Stimmung Ende Juni, wenn Litauen Sommersonnenwende feiert. Große Popularität genießen aber auch die Film- und Jazzfestivals, die Treffen der Literaten, Sänger und Tänzer.

❯ **Dreikönig:** Umzug der Heiligen Drei Könige durch die Altstadt zur Krippe auf dem Kathedralenplatz (6. Januar, www.vilnius-tourism.lt)

❯ **Fasching (Užgavėnės):** Mit bunten Maskenzügen feiert Vilnius seit 1995 wieder offiziell Fasching. Kreuz und quer ziehen die Narren durch die Altstadt, wo am Fastnachtsdienstag die Morė, eine große Lumpenpuppe, verbrannt wird (Fastnacht, www.etno.lt).

❯ **Kasimir-Jahrmarkt:** Größter Kunsthandwerksmarkt des Landes in der Altstadt. Er soll an den Namenstag des Nationalheiligen Kasimir erinnern und wird seit Jahrhunderten am ersten Märzwochenende gefeiert (www.vilnius.lt).

❯ **Internationales Frühlings-Filmfestival:** Mit mehr als 50.000 Besuchern ist es der größte Cineasten-Treff des Landes. Zwei Wochen lang laufen die besten Filme der Welt in den Kinos der Stadt (März/April, www.kinopavasaris.lt).

❯ **New Baltic Dance:** Internationales Tanzfestival und gleichzeitig das größte Festival zeitgenössischen Tanzes im Baltikum. Schauplatz ist vor allem das Litauische Nationaltheater (Mai, www.dance.lt).

❯ **Vilnius-Festival:** Klassische Musik, präsentiert von internationalen Interpreten. Veranstaltungsort ist die Nationalphilharmonie Litauen (Mai/Juni, www.vilniusfestivals.lt).

❯ **Folklorefestival „Skamba Skamba Kankliai":** Freiluftfestival im Sereikiskiu-Park und in der Altstadt (letzte Maiwoche, www.etno.lt)

❯ **Mittelalterfestival Trakai:** Historienspektakel für Alt und Jung. Ein Wochenende lang regieren Ritter, Gaukler und Handwerker (Juni, www.trakai.lt).

▲ *Feuerwerk über den Dächern der Altstadt von Vilnius*

> **Johannisfest:** Freiluftpartys krönen die kürzeste Nacht des Jahres. Epizentrum ist der Verkių-Park (www.pavilniai-verkiai.lt). Besonders ausgelassen geht es auch in Kernavė zu, wo Tausende mit Spiel und Tanz die Sommersonne begrüßen (23. Juni, www.kernave.org).

> **Nationalfeiertag:** Folkloreschau in Erinnerung an den Krönungstag des Königs Mindaugas, der als Staatsgründer gilt (6. Juli, www.vilnius.lt)

> **Christopher Summer Festival:** Festival für klassische Musik, Chor- und Orgelkonzerte mit internationaler Beteiligung (Juli–August, www.kristupofestivaliai.lt)

> **Gediminas-Fest:** Vilnius wie es singt, lacht und feiert! Größtes litauisches Volksfest in Erinnerung an den Stadtgründer (Ende August/Anfang September, www.vilniusfestivals.lt).

> **Vilnius Marathon:** Massenlauf quer durch die Stadt, auch als Halbmarathon im Angebot (zweites Septemberwochenende, www.maratonas.lt)

> **In Fokus:** Internationale Foto- und Kunstausstellung in verschiedenen Galerien (Sept.–Oktober, www.photography.lt)

> **Theaterfestival Sirenos:** Renommiertes Theaterfestival mit Gastspielen in allen großen Theatern (Oktober, www.sirenos.lt)

ALLGEMEINE FEIERTAGE

An Feiertagen wird in Litauen nicht gearbeitet. Fallen sie auf einen Donnerstag oder Dienstag, gilt in vielen Behörden Freitag oder Montag als Brückentag, der am Samstag zuvor ausgeglichen wird.

> 1. Januar: **Neujahr**
> 16. Februar: **Tag der Eigenstaatlichkeit** (1918)
> 11. März: **Wiedererlangung der Unabhängigkeit** (1990)
> **Karfreitag**
> **Ostersonntag** und -montag
> 1. Mai: **Tag der Arbeit**
> 24. Juni: **Johannisfest**
> 6. Juli: **Jahrestag der Krönung des Königs Mindaugas**
> 15. August: **Mariä Himmelfahrt**
> 1. November: **Allerheiligen**
> 25. und 26. Dezember: **Weihnachten**

> **Vilnius Jazz:** Ältestes Jazzfestival des Landes (Oktober, www.vilniusjazz.lt)

> **Advent und Weihnachten:** Christbaum und Krippe auf dem Kathedralenplatz, Weihnachtsstände und Kirchenkonzerte (www.vilnius.lt)

Folklore und Liedgut

Alle vier Jahre – das nächste Mal 2013 – finden sich die Litauer zum großen **Folklorefestival „Dainų šventė"**, dem größten baltischen Chor- und Tanzgruppentreffen. Mehr als 100.000 Zuhörer bilden gewöhnlich die Kulisse des Festivals, dessen Krönung neben einem Umzug ein Massenkonzert ist. Seit 2003 gehört das Festival zum UNESCO-Weltkulturerbe. Die Einheimischen vergleichen ihren Wettstreit gern mit den Olympischen Spielen im antiken Griechenland. Beide Veranstaltungen dienten jedenfalls der Festigung nationaler Identität.

Das erste große Songfestival in Litauen fand 1924 statt. Damals dauerte es nur einen Tag, heute geht die Veranstaltung fast über eine ganze Woche. Im Allgemeinen findet sie Anfang Juli statt und vereint Hunderte von Amateurgruppen, die sich singend und tanzend einem Publikum aus mehreren Tausend Menschen präsentieren. Schauplätze des Festivals sind vor allem der Kalnų- [M7] und der Vingio-Park [D7–F8].

> Weitere Informationen findet man online unter www.dainusvente.lt.

VILNIUS FÜR CITYBUMMLER

Wolkenkratzer neben gotischen Kirchen, barocke Figuren neben modernen Kunstinstallationen, Fast-Food-Buden neben Gourmetrestaurants, Straßenhändler neben futuristischen Einkaufszentren, Stripteaseläden neben Beichtstühlen – Vilnius ist eine Stadt der Gegensätze. Tradition und Moderne liegen hier eng beieinander, manchmal gar neu miteinander verschmolzen wie in Gestalt des neuen Großfürstenpalastes ❸ *am Kathedralenplatz* ❶*, wo man für viele Millionen Euro einen alten Renaissancebau rekonstruierte. Kaum eine andere Stadt Osteuropas strotzt so vor Selbstvertrauen. Landeshauptstadt und Kulturmetropole ist sie, mit ihren Universitäten und Akademien aber auch ein Hort der Bildung und dazu ein Dienstleistungsmoloch mit Arbeitsplätzen für viele Tausend Büromenschen.*

Oft liegen **alte und neue Zeit** nur ein paar Schritte auseinander. So wie am Tor der Morgenröte ㉑, wo eine alte Frau mit buntem Kopftuch auf Knien die steile Treppe zur wundertätigen Madonna emporrutscht. Eine von vielen Tausend Pilgern, die hier Jahr für Jahr Station machen, um gemeinsam Gottesdienst zu feiern oder einfach nur zu beten. Ein paar Meter weiter aber verehren ein paar Jugendliche ihre „Götter", lassen sich im neuen Wachsfigurenkabinett (s. S. 32) zusammen mit Harry Potter fotografieren, der dort neben anderen bekannten Gesichtern aufgereiht steht.

Vilnius, vor allem seine **historische Altstadt**, sollte man zu Fuß erobern. Busse machen ohnehin einen Bogen um sie und fahren nur ihre Ränder an. Autos gehören in die neuen Tiefgaragen, die Platz für Flaneure

geschaffen haben. Überall in der Innenstadt führen Wegweiser zu den wichtigsten Sehenswürdigkeiten: zur **Oberen** ❹ und **Unteren Burg** ❸ und zur **Kathedrale** ❷ mit dem großen Denkmal für Gediminas, den ersten großen Herrscher über die Stadt. Auch zu den beiden Arsenalen mit ihren Sammlungen, die zum **Litauischen Nationalmuseum** ❺ gehören, zum **Präsidentenpalast** ⑫, ins alte Universitätsviertel ❿ mit seinen verwinkelten Gassen oder in den Szenestadtteil Užupis ㉔, eines der neuen Ausgehviertel, wird man geleitet.

Kreuz und quer führen **kleine Gassen** durch das Häusergewirr der Altstadt. Restaurants und Cafés, Kulturzentren, Boutiquen, Kioske, Botschaften, Kirchen, Hotels, Nachtklubs und Souvenirläden säumen sie. **Pilies gatvė** [L8/9] heißt der älteste Weg in der Altstadt, auf dem einst Könige, aber auch päpstliche und weltliche Diplomaten Richtung Polen und Russland reisten. Nahtlos geht die Pilies gatvė in die **Didžioji gatvė** über. Es folgt der **Rathausplatz** ⑯, der einen im Sommer zu einem Zwischenstopp in seine Biergärten einlädt. Schnurstracks Richtung Süden führt die anschließende **Aušros Vartų gatvė** schließlich zum einzigen noch erhaltenen Stadttor, dem **Tor der Morgenröte** ㉑ mit der weltberühmten schwarzen Madonna. Dahinter geht es zum **Bahnhof**, zur **zentralen Busstation** und zu Stadtvierteln, die eine Erneuerung wie sie die historische Innenstadt schon genossen hat, ebenso gut gebrauchen könnten. Mit öffentlichen und privaten Geldern, auch mit Subventionen aus den Kassen der Europäischen Union, wurde die Altstadt in den letzten Jahren

hergerichtet – herausgeputzt könnte man auch sagen. Hinter alten Mauern hielt moderne Technik Einzug. So stehen heute in gotischen Kellern Computer und Büroangestellte residieren in barocken Prachtbauten.

Viel Geld wurde auch in die Bauten am **Gedimino-Boulevard** ㉕ gesteckt, der breiten, schnurgeraden Prachtallee vom Kathedralenplatz zum Parlament. Früher zeigte hier vor allem der Staat Flagge und es drängten sich Rathaus, Ministerien und Behörden nebeneinander. Inzwischen aber räumen die Offiziellen mehr und mehr das Feld und machen Platz für neue Hotels und Einkaufszentren.

Nördlich des Neris-Flusses, auf der Nordseite der Stadt, hat das **Rathaus** seine neue Heimat gefunden. Ein **Wolkenkratzer** aus Stahl und Glas, der klar macht, dass Vilnius im Rennen um die Zukunft mithalten will. **Bankpaläste** und **Bürohochhäuser** säumen den kommunalen Verwaltungsbau, genau wie das **Einkaufszentrum Europa** (s. S. 16), eines der modernsten Shoppingzentren im Bal-

tikum. Während die Denkmalschützer ihre Hand über die zum UNESCO-Weltkulturerbe gehörende Altstadt halten, wird hier gebaut und investiert, als gelte es, jedem trotz Finanzkrise zu zeigen: Wir sind Wir!

Vilnius lebt! Das spürt man schließlich auch im Stadtteil **Užupis** ㉔ auf der anderen Seite des Flüsschens Vilnia, das die Altstadt im Osten begrenzt. Verkommen und über lange Zeit so gut wie nicht beachtet, ist hier aus einem von Kriminalität und Armut geprägten Problemviertel ein neuer Stadtteil geworden, dessen Entwicklung noch lange nicht abgeschlossen ist. Kunsthandwerker, Galerien, Cafés und schicke Restaurants haben in alten Mauern Einzug gehalten, statt Verfall findet hier also jetzt Erneuerung statt.

▲ *Abendstimmung am Alten Rathaus* ⓰

► *Im Einkaufszentrum Europa (s. S. 16) kann man täglich shoppen*

O10vi Abb.: gs

VILNIUS FÜR KAUFLUSTIGE

Von Montag bis Sonntag, sieben Tage die Woche, lädt Vilnius zum Shoppen in kleinen Boutiquen und großen Ladengalerien. Einige, wie das Einkaufszentrum Maxima (s. S. 16) in der Mindaugo gatvė, haben gar rund um die Uhr geöffnet. Vorbei sind die Zeiten, als das Angebot klein und die Einkaufszeiten beschränkt waren. Armani und Escada, Dior, Prada, Gucchi, Dolce & Gabbana, Boss und Kenzo, Calvin Klein, Cerruti und Versace, Marco Polo und Max Mara, La Perla und Hilfiger, Gant und Vero Moda – keine große Marke, die in Vilnius nicht mit eigenem Laden oder gar mehreren Filialen vertreten wäre. Aber auch Kaufhäuser wie Marks & Spencer haben in Litauens Hauptstadt inzwischen ihre Zelte aufgeschlagen.

Während in der **Altstadt** kleine Läden, Boutiquen und Galerien dominieren, prägen den **Prachtboulevard**

Gedimino **25**, vor allem aber den Europaplatz auf der nördlichen Seite der Neris, moderne Einkaufszentren. Eines der größten heißt **Europa** (s. S. 16), eine mehrstöckige Ladengalerie mit kleinen Cafés, Restaurants und Ruhezonen.

Die **Pilies** und die **Didžioji gatvė** bilden die wichtigste Einkaufsachse der Altstadt. Kleine Läden finden sich hier neben Kiosken und Straßenständen, die **traditionelle Souvenirs** verkaufen: Bernstein, Silber-, Bronze- und Kupferschmuck, Lederwaren, Tischdecken, Tongeschirr, Küchengeräte, Textilien aus Leinen und Wolle oder Spielzeug aus Holz oder Ton. Besonders groß ist das Angebot während der Stadtfeste, wenn sich ein **Kunsthandwerksstand** an den nächsten reiht. Auffallend sind auch die vielen Galerien, die **litauische Kunst** anbieten.

Die **Preise** in den modernen Einkaufszentren unterscheiden sich wenig von denen in Deutschland oder Österreich. Schnäppchen macht man höchstens bei Sonderverkäufen oder im Outlet. Deutlich preiswerter sind dagegen qualitativ hochwertige Anzüge, Hemden, Hosen und Kleider aus Leinen, die in kleinen Geschäften

---

Öffnungszeiten

Litauen kennt **keine festen Ladenöffnungszeiten.** In der Regel haben die Geschäfte in den Innenstädten zwischen 10 und 19 Uhr geöffnet. Das heißt aber auch, dass einige schon um 8 Uhr aufmachen oder andere erst um 22 Uhr oder noch später schließen. Auch samstags und sonntags sind viele Läden geöffnet. Einige Lebensmittelgroßmärkte haben rund um die Uhr geöffnet – allerdings wird von 22 Uhr bis 8 Uhr kein Alkohol mehr verkauft!

verkauft und in der Regel auch in Litauen gefertigt werden. Schließlich hat die Leinenherstellung und -verarbeitung im Baltikum eine lange Tradition – so wie auch anderes Handwerk, das der Staat inzwischen gezielt fördert.

EINKAUFSZENTREN

1 [I2] **Akropolis**, Ozo g. 25, Tel. 5 2492879, www.akropolis.lt, Mo.–So. 10–22 Uhr. Größtes Shopping- und Freizeitzentrum der Stadt mit Läden von Mango bis Douglas, Cafés und Restaurants, Bowlingbahn, 3-D-Kino und großer Eisbahn.

2 [J5] **Europa**, Konstitucijos pr. 7a, Tel. 5 2487070, www.europa.lt/en, Mo.–Sa. 10–21, So. 10–20 Uhr. Supermodernes Einkaufszentrum unter einem riesigen Glasdach gegenüber dem neuen Rathaus. Lebensmittel und Markenartikel (Bekleidung, Schuhe, Sportausrüstung), großes Parkhaus.

3 [K8] **Flagman**, Gedimino pr. 16, Tel. 5 2639617, www.flagman.lt, Mo.–Sa. 10–20, So. 11–18 Uhr. Mehr als drei Dutzend meist hochpreisige Schuh-, Kleider-, Kurzwaren- und Sportartikelläden plus Café und Kino.

4 [K8] **Gedimino 9**, Gedimino pr. 9, Tel. 5 2629812, www.gedimino9.lt, Mo.–Sa. 10–20, So. 11–18 Uhr. City-Einkaufszentrum mit Cafés und Restaurants. Kern ist das Kaufhaus Marks & Spencer. Außerdem ist die Nationale Mode- und Design-Galerie hier zu Hause.

5 [J10] **Maxima**, Mindaugo g. 11, Tel. 5 2330415, www.maxima.lt. Rund um die Uhr geöffnetes Einkaufszentrum der Maxima-Kette. Vor allem Lebensmittel, aber auch Textilien und Haushaltswaren, Blumen und Geschenke.

6 [J2] **Ozas**, Ozo g. 18, Tel. 5 2100150, www.ozas.lt, Mo.–So. 10–22 Uhr. Großes Einkaufszentrum direkt neben dem Shoppingcenter Akropolis. Unter anderem Benetton, Swatch, Nike, Puma, Deichmann oder Peek & Cloppenburg.

7 [H5] **Panorama**, Saltoniškių g. 9, Tel. 5 2195811, www.panorama.lt, tgl. 8–23 Uhr. Shoppingzentrum mit mehr als hundert Läden und Freizeitstätten.

MÄRKTE

8 **Gariunų turgus**, Gariunų g. 68, www.gariunai.lt, Di.–So. 6–14 Uhr. Großer überdachter Markt mit vielen Einzelständen. Meist billige Massenware!

9 [K11] **Halés turgus**, Pylimo g. 58/Bazilijonu g. 1, Fr. 7–17, Sa.–So. 7–15 Uhr. Restaurierte Markthalle mit alten Glasdächern, in der Bummeln fast mehr Spaß macht als Einkaufen.

10 [K5] **Kalvarijų turgus**, Kalvarijų g. 61, Di.–So. 7–17 Uhr. Regionale Produkte wie Käse, Honig oder Fleisch, aber auch Zierfische oder alte Fotoapparate.

011vl Abb.: gs

AUSGEFALLENE EINKAUFSIDEEN

🔒**12** [L9] **Aukso Avis**, Savičiaus g. 10, Tel. 5 2610421, www.auksoavis.lt, Mi.–Fr. 11–19, Sa. 11–17 Uhr. Schöner Geschenkeladen, im Angebot sind fast ausnahmslos Arbeiten litauischer Künstler und Kunsthandwerker.

🔒**13** [I10] **Daiktu Viešbutis**, T. Ševčenkos g. 16, www.hotelofthings.com, Tel. 68649734, Mo.–Fr. 11–19, Sa. 12–16 Uhr. Schöne Taschen, Geldbeutel und andere handgemachte Accessoires, auch Zubehör für alle Anhänger der Lomografie.

🔒**14** [K8] **Josef Statkus Couture**, Odminių g. 9–10, www.statkevicius.com/en, Tel. 5 2625572, Mo.–Fr. 11–19, Sa. 11–16 Uhr. Exklusive und individuelle Mode des bekannten litauischen Mode- und Kostümdesigners.

🔒**15** [J8] **La Cave Prancuzisko Vyno Namai**, Pamėnkalnio g. 5, Tel. 5 2314263, www.lacave.lt, Mo.–Fr. 11–20. Gut sortierter Weinladen – vom spanischen Rotwein bis zum französischen Champagner. Weitere Läden finden sich in der Mindaugo g. 11 und im Einkaufszentrum Akropolis.

🔒**16** [L9] **Lino ir Gintaro Studija (Leinen- und Bernsteinstudio)**, Didžioji g. 5, Tel. 5 2624986, www.lgstudija.lt. Mo.–So. 10–19 Uhr. Populärer Altstadtladen für Bernstein und Leinenstoffe.

◀ *Kitsch neben Kunst: Litauens Hauptstadt bietet ein breites Angebot an Souvenirs*

EXTRATIPP

Blumen rund um die Uhr

Bunte Blüten überall! Von schlichten Löwenmäulchen bis zu teuren Orchideen finden sich hier Blumen aller Art, meist zu bunten Sträußen zusammengesteckt. Ideale Geschenke, wenn man irgendwo eingeladen ist, denn ein Blumenstrauß ist noch immer **eines der gängigsten Gastgeschenke** im Baltikum. Zur Auswahl stehen einfache Feldblumen ebenso wie seltene Rosenzüchtungen. **Nelken** sollte man allerdings keine kaufen, denn die werden noch immer mit der kommunistischen Vergangenheit in Verbindung gebracht. Der Markt liegt zwar etwas außerhalb des Stadtkerns, doch der Fußmarsch lohnt sich für alle Blumenfreunde. Preise sind Verhandlungssache!

🔒**11** [H9] **Gėlių turgus (Blumenmarkt)**, J. Basanavičiaus g. 42, tgl. 24 Stunden geöffnet

EXTRATIPP

AJ Sokolades – das Pralinen-Paradies

Alle Süßmäulchen sollten sich den Namen merken! Er steht für **handgemachte Pralinen** und **feine Schokolade**. Die Manufaktur hat ihren Stammsitz in Trakai und beliefert jeden Morgen die Geschäfte in Kaunas und Vilnius. Mehr als fünfzig Schokosorten sind im Angebot. Im Hauptgeschäft auf dem Gedimino-Boulevard gibt es auf Anfrage auch **Schoko-Verkostungen**, bei denen Besucher mehr über die litauische Schokoladentradition erfahren. Zu den Läden der Manufaktur, deren nostalgische Inneneinrichtung auffällt und in denen man alle Süßigkeiten auch bei einer Tasse Kaffee genießen kann, gehören unter anderem auch Zweigstellen im Einkaufszentrum Europa (s. S. 16) und in der Pilies gatvė sowie am Rathausplatz in Kaunas.

🔒**21** [I7] **AJ Sokolades**, Gedimino pr. 46, Tel. 5 2497122, www.ajsokoladas.lt, Mo.–Fr. 8–20, Sa.–So. 10–20 Uhr

> Nacionalinė Dizaino ir Mados Galerija (Nationale Mode- und Design-Galerie), im Einkaufszentrum Gedimino 9 (s. S. 16), 3. Stock, Tel. 5 2629501, Mo.–Sa. 10–20, So. 11–18 Uhr. Individuelle Mode litauischer Designer.

17 [J8] **Pamėnkalnio Galerija,** Pamėnkalnio g. 13, Tel. 5 2624552, www.galerija-lds.lt, Mo.–Fr. 10–18, Sa. 10–16 Uhr. Kleine Galerie mit z. B. Schmuckkeramik und Lederarbeiten.

18 [L9] **Pudrinė,** Stiklių g. 7, Tel. 63077357, www.pudrine.lt. Kleiner, im Hinterhof versteckter Secondhandladen mit zum Teil ausgefallenen Klamotten.

19 [L9] **Ramunės Piekautaitės Salonas,** Didžioji g. 20, Tel. 5 2312270, www.ramunepiekautaite.com, Mo.–Fr. 11–19, Sa. 11–17 Uhr. Seide, Wolle, Leinen – Litauens Stardesignerin veredelt so ziemlich alles, unter anderem auch Brautmode.

20 [L9] **Vilniaus Antikvaro Centras (Antiquitätenzentrum Vilnius),** Dominikonų g. 16, Tel. 5 2626476, www.antiques.lt, Mo.–Fr. 11–19, Sa. 11–15 Uhr. Ein populäres Antiquitätengeschäft, auf dessen Website man schon vorher einmal in aller Ruhe im Angebot stöbern kann.

BERNSTEIN – DAS „GOLD DER BALTEN"

Noch immer gehört Bernstein zu den beliebtesten **Mitbringseln.** *An vielen Ständen und in Geschäften wird er als Anhänger, Ohrring, Kette, Brosche oder Ring verkauft. Häufig wird er aber auch als Rohstein oder Handschmeichler angeboten, sagt der Volksglauben dem Stein doch* **magische und heilende Kräfte** *nach. Besonders geschätzt sind Exemplare, in denen Tiere oder Pflanzen eingeschlossen sind, sogenannte* **Inklusen.** *Da sie sehr selten sind, sind sie entsprechend teuer.*

Bernstein ist aber nicht gleich Bernstein: So gibt es den sogenannten **Rohbernstein,** *der in der Regel noch eine Verwitterungskruste aufweist.* **Naturbernstein** *ist ein geschliffener und polierter Stein, dessen innere Strukturen oder Farben im Naturzustand belassen wurden. Im Schmuckhandel kommt häufig* **in Öl „klargekochter" Bernstein** *zur Verwendung, der weicher und farbärmer als der naturbelassene Stein ist. Was im Handel als „Echter Bernstein", „Echtbernstein" oder „Ambroid" angeboten wird, ist genau-*

er betrachtet meist „Pressbernstein". Dieser wird aus Schleifresten und kleinen Stückchen bei Temperaturen von bis zu 250 Grad Celsius unter Luftabschluss zusammengepresst. Optisch ist er vom Naturbernstein nur schwer zu unterscheiden.

Im Gegensatz zu Imitationen aus Kunstharz lässt sich Bernstein **leicht entzünden.** *Dabei duftet er harzig-aromatisch, weshalb er immer wieder auch als eine Art Weihrauch zum Einsatz kommt. Bernstein wird ab ca. 180 Grad weich und formbar. Durch Reiben an Wolle, Seide oder Baumwolle lädt er sich schnell* **elektrostatisch** *auf und kann dann Papierschnipsel oder Wollfussel anziehen, was früher als einfacher Echtheitstest praktiziert wurde. Wissenschaftler wollen mehr als 200 verschiedene Farben im Bernstein entdeckt haben. Besonders schöne Steine finden sich im* **Bernstein-Museum** *(s. S. 31) in Vilnius, welches einen Einblick in die Geschichte des baltischen Goldes gibt und auch schöne Stücke zum Kauf bereithält.*

KUNSTHANDWERK

Der litauische Staat hat sich die **Förderung alten Handwerks** auf die Fahnen geschrieben. Seit einigen Jahren unterstützt er deshalb finanziell Kunsthandwerker in der Stadt. Man sollte sich also nicht wundern, wenn man in dem einen oder anderen Geschäft Frauen am Webstuhl, Schmieden am Amboss, Keramikern an der Töpferscheibe oder Glasbläsern begegnet. Wer will, kann in Galerien und Betrieben **Kurse** belegen und sich so mit alten Handwerkstechniken vertraut machen. Das reicht vom Bemalen von Ostereiern bis zur filigranen Schmiedearbeit. **Lebendige Museen** sollen diese Werkstätten sein und den Besuchern zeigen, wie man früher gearbeitet hat. Und natürlich kann man alles kaufen, was auf diese Weise vor den Augen aller entsteht. Individuelle Souvenirs sind das auf alle Fälle, keine Ware von der Stange. Ein Besuch der alten Handwerksläden wird auch im Rahmen einer zweieinhalbstündigen Stadtführung (s. S. 120) angeboten.

🛍22 [K9] **Amatų gildija**, Pranciškonų g. 6, Tel. 5 2120520, www.amatugildija. puslapiai.lt, Di.–Sa. 11–19 Uhr. Töpferwerkstatt, in der man den Keramikern über die Schulter sehen, aber auch selbst Hand anlegen kann.

🛍23 [K10] **Amatų ir menų centras „Nauja sirena"**, Mėsinių g. 9, Tel. 5 2126601, www.sirena.lt, Mo.–Fr. 10–19, Sa. 10–16 Uhr. Für alle Liebhaber feinsten Leders: Handtaschen, Geldbörsen, Laptophüllen und vieles mehr.

🛍24 [J9] **Auksakalių gildijos galerija „Meno niša"**, J. Basanavičiaus g. 1, Tel. 5 2313811, Sommer: Di.–Fr. 12–19 Uhr, Winter: Di.–Fr. 12–18, Sa. 12–16 Uhr. Künstlerisch wertvolle Goldschmiede- und Emaillearbeiten in Designerqualität.

🛍25 [L9] **Galerija „Sauluva"**, Literatų g. 3, Tel. 5 2121227, www.sauluva.lt, Mo.–Fr. 10–18 Uhr. Regionales Kunsthandwerk wie handbemalte Ostereier, getrocknete Palmwedel oder Schmuck. Ein zweiter Laden findet sich in der Šv. Mykolo g. 4.

🛍26 [L9] **Galerija „Vitražo manufaktūra"**, Stiklių g. 6–8, Tel. 5 2121202, www. stainedglass.lt, Di.–Fr. 11–19, Sa. 11–17 Uhr. Manufaktur, in der es Glaskunstwerke aller Art und schöne Tiffany-Arbeiten gibt, häufig auch Ausstellungen.

🛍27 [J10] **Juodosios keramikos galerija-studija „Molio laumė"**, Naugarduko g. 20, Tel. 69942456, www.ceramics. w3.lt, Mo.–Fr. 12–16 Uhr. Schwarzkeramik, wie sie schon vor Jahrtausenden in Litauen gefertigt wurde. Höchst individuelle Geschenke!

🛍28 [L9] **Manufaktura-galerija „Juratė"**, Didžioji g. 20, Tel. 5 2314005, www. jurate.eu, Mo.–So. 10–19 Uhr. Kleine Ladengalerie am Rathausplatz, hochwertige Heimtextilien und Accessoires aus Flachs.

🛍29 [K9] **Studija-galerija „D'Arijaus Papuošalai"**, Dominikonų g. 7, Tel. 5 2123143, www.darijaus.com, Di.–Fr. 12–18.30, Sa. 11–17 Uhr. Exklusiver, hochwertiger Schmuck. Die Galerie beherbergt gelegentlich auch Ausstellungen!

🛍30 [J9] **Studija-galerija „Delmonas"**, J. Basanavičiaus g. 16, Tel. 5 2791282, www.audimomanufaktura.lt, Mo.–Fr. 11–17 Uhr, Sa. 11–14 Uhr. Hier gibt es beispielsweise exklusive Textilien, Batik oder auch Seidenmalerei.

🛍31 [I9] **Tautodailininko dirbtuve-salonas Klaidas Navickas**, J. Basanavičiaus g. 29, Tel. 68610804, Mo.–Di. 17–20, Mi.–Do. 15–19, Fr. 16–19 Uhr. In diesem Volkskunstladen pflegt der Künstler Klaidas Navickas die alte Kunst des Papierschnitts und andere seltene Handarbeitstechniken.

🔒**32** [M9] **Užupio kalvystės muziejus-galerija**, Užupio g. 26, Tel. 5 2153757, www.vilniauskalviai.lt, Di. 10–19, Mi. 10–13, Do.–Fr. 10–19, Sa. 10–17 Uhr. In der Schmiedewerkstatt- und Museumsgalerie gibt es schöne und filigrane Schmiedearbeiten: Gitter, Lampen, Schmuck, Möbel und vieles mehr.

🔒**33** [M9] **Vilniaus puodžių cechas**, Užupio g. 9, www.pottery.lt, Tel. 65999040, Di.–Fr. 11–19, Sa. 12–18 Uhr. In der Töpfermanufaktur werden einfache, aber auch anspruchsvolle Keramikarbeiten nach oft mittelalterlichen Vorlagen gefertigt: z. B. Vasen, Teller, Töpfe, Ofenkacheln.

VILNIUS FÜR GENIESSER

Viele Hundert Restaurants, Fast-Food-Filialen, Cafés, Bistros und Bars prägen die gastronomische Szene der Stadt. Längst vorbei sind die Zeiten, als sozialistische Einheitskost bestimmte. Heute geben Köche unterschiedlichster Herkunft den kulinarischen Ton an und auf den Speisekarten findet sich Exotisches aus aller Welt neben litauischer Hausmannskost.

Ganz oben auf allen Speiseplänen rangieren **Kartoffeln**. Sie kommen fast täglich und das ganze Jahr über auf den Tisch: als Kartoffelwurst, Kartoffelauflauf, Kartoffelpuffer sowie mit Hackfleisch, Pilzen, Käse, Quark oder traditionell mit Speck gefüllte **Kartoffelklöße**. *Cepelinai* heißen sie im Volksmund, „Zeppelin". Ein Name, den die großen Klöße den Hallen für die Luftschiffe verdanken, welche die Deutschen einst in Litauen bauten.

Als eine Art Nationalgericht gelten ebenfalls **Kartoffelpfannkuchen** *(Blynai)*, die mit süßer oder saurer Füllung serviert werden. Man kann sie auch ohne Füllung bestellen und vor dem Verzehr in Sahne oder Marmelade tunken. **Kartoffelpuffer** heißen *Kugelis*. **Fleischrouladen** gefüllt mit Zwiebeln, Speck und Ei firmieren als *Suktiniai*. *Balandeliai* sind **Krautrouladen** mit Hackfleisch- oder inzwischen auch Reisfüllung. Das vielleicht exotischste litauische Gericht ist **Vedarai**, ein mit geriebenen Kartoffeln oder Graupen gefüllter und dann gebackener Schweinedarm. Von Spätsommer bis in den Winter bereichern **Pilze** den Speiseplan. Sie kommen meist in feinen, aber kräftigen Sahnesoßen auf den Tisch. Mehr als Hundert essbare Pilzsorten wachsen in den heimischen Wäldern: vor allem Steinpilze, Pfifferlinge, Rotkappen, Butterpilze und Morcheln. Zu den **traditionellen Gemüsen** zählen Kohl, Rote Bete, Karotte, Tomate, Zwiebel, Gurke, Möhre, Pastinake, Rettich und Radieschen. Kohl wird meist frisch und gesalzen als Kraut mit Kümmel, Moosbeeren und Äpfeln gegessen. Auch Gurken kommen in der Regel frisch auf den Tisch, im Herbst und Winter als Saure oder Essiggurken. Dill, Kümmel, Majoran, Knoblauch und Meerrettich werden zum **Würzen** der Speisen verwendet.

Etwas eintöniger ist das **Dessertangebot**. Zwar kennen auch die Einheimischen Pudding, Eis und Kompott, meist aber gibt es honigsüßen Kuchen zum Nachtisch. Im Sommer Beeren in allen Varianten, die wie Johannis- und Stachelbeeren meist aus dem eigenen Garten stammen oder wie wilde Himbeeren, Walderdbeeren, Heidelbeeren oder Moosbeeren im Wald gepflückt werden.

▶ *Im Sommer speist man open air – hier gegenüber der Kathedrale* ❷

PIZZA AUF DEM VORMARSCH

Wer sich für die litauische Küche interessiert, findet in der Altstadt garantiert ein Lokal mit **traditionellen Speisen** – so wie das Lokys (s. S. 24), wo man sich die Pflege traditioneller Küche auf die Fahnen geschrieben hat. Ansonsten aber hat auch in Vilnius die **Moderne** Einzug gehalten und internationale Ketten und Lokale mit **globalem Angebot** prägen mehr und mehr die gastronomische Szene. Und natürlich gibt es **Pizza** satt, die – wie viele Litauer scherzen – zum neuen Nationalgericht geworden zu sein scheint. Auf alle Fälle findet man in Vilnius oder Kaunas mehr litauische Lokale, die Pizza anbieten, als Italiener, die litauisch kochen.

Größe und Ausstattung eines Lokals lassen nur selten auf die **Qualität** des Essens schließen. Gerade in der Altstadt sollte man sich das immer wieder klarmachen! Wer einfach und preiswert speisen will, besucht statt eines Restaurants *(Restoranas)* eine **Imbissstube** *(Užkandinė),* eine **Kantine** *(Valgykla)* oder auch eines der Cafés, die neben Kaffee, Gebäck und Kuchen meist auch kleine Snacks im Angebot haben. Und noch ein Tipp: Schauen Sie sich einfach auch einmal in den **Seitenstraßen** um, denn dort ist das Essen oft preiswerter und besser! Übrigens gibt es auch in den meisten **Bars** etwas zu essen, da diese in vielen Fällen tagsüber als Restaurant fungieren und abends als Klub mit Livemusik oder DJ.

WEIN KONTRA BIER

Schon im Mittelalter verfügte man in Vilnius über die nötige Kenntnis zur Herstellung starker alkoholischer Getränke. **Met** hieß damals das populärste, eine Art Honigwein, der noch heute im Land hergestellt wird. Mit 10 bis 20 Vol.-% Alkohol dient der *Midus* heute als „Beschleuniger", wenn es gilt, die Feststimmung zu heben.

Auch das **Bier** *(Alus)* ist in Litauen stärker als gewohnt, was schon mancher Besucher am eigenen Leib erfahren musste. Wegen seiner Farbe gilt Bier bei den Einheimischen auch als „Flüssiger Bernstein". Knapp einhundert Brauereien im Land halten die Braukunst heute hoch, brauen helle *(Šviesus)* und dunkle *(Tamsus)* Gerstensäfte mit bis zu 9,5 Vol.-% Alkohol. Auch Vilnius und Kaunas haben ihre eigenen **Brauereien.** So lädt in Vilnius nahe der Kathedrale das kleine Brauhaus Prie Katedros (s. S. 28) zum Biertest, in Kaunas das Avilys (s. S. 88).

Mit **Wein** allerdings ist dem Bier in den letzten Jahren ein ernsthafter Konkurrent gewachsen. Überall in der Stadt schießen **Weinbars** und **Vinotheken** aus dem Boden und die jugendliche Schickeria trinkt italienische, französische, südafrikanische und australische Weine. Leichte Weiße im Sommer, alkoholreichere Rote in den langen Wintern – vor allem bei den Frauen liegt der Rebensaft im Trend, ist für sie Bier doch ein Männergetränk.

Ab in den Bierhimmel!
Einen Überblick über die Braukunst Litauens verschafft ein neuer Bierkeller inmitten der Altstadt von Vilnius. Gut 50 verschiedene Sorten Flaschenbier sind dort im Ausschank und zu kaufen. Gelagert werden sie in Kisten oder Kühlschränken, aus denen man sich bedienen kann. Rund zwei Dutzend Sitzplätze bietet das Kellergewölbe, das mehr wie eine große Wohnstube wirkt. Zum Bier werden litauischer Käse und litauische Wurst gereicht. Das alles zu Preisen, welche die Reisekasse kaum belasten.
⊙34 [L9] **Bambalynė**, Stiklių g. 7, Tel. 67600075, www.bambalyne.lt, tgl. 11–22 Uhr

KULINARISCHER TAGESABLAUF

Das litauische **Frühstück** ist traditionell deftig. Das heißt: Wurst und Käse, Omelett, Fisch und Pilze gibt es schon morgens. Dazu dunkles, meist etwas süßlich schmeckendes Roggenbrot *(Ruginė Duona)*. Weißbrot oder Brötchen, Müsli und Obst finden sich meist nur an den Buffets der größeren Hotels mit internationalem Publikum. Frühstück wird in der Regel zwischen 7 und 10 Uhr serviert, manchmal auch bis 11 Uhr.

Zeit zum **Mittagessen** ist zwischen 12 und 14 Uhr, schon ab 18 Uhr geht es zum Abendessen. Zu Sowjetzeiten war das Mittagessen die wichtigste Mahlzeit am Tag, inzwischen aber gewinnt das **Abendessen** mehr und mehr an Gewicht. Das liegt auch daran, dass viele Berufstätige erst abends Zeit zum Kochen haben.

Bestand das Mittagessen früher aus Vorspeise, Hauptgang und Dessert, fällt es heute weniger üppig aus. Besonders gern werden **Suppen** gelöffelt – im Winter Sauerkraut- oder Rote-Bete-, im Frühling und Sommer Sauerampfer- oder Milchsuppen. Am populärsten ist an heißen Tagen eine kalte Rote-Bete-Suppe mit Ei, die *Šaltibarščiai,* eine Art litauische Gazpacho, die mit heißen Kartoffeln serviert wird. Beliebt sind auch Suppen aus Gemüse, Fleisch, Geflügel, Wild, ja sogar aus Bier. Und auch aus Obst und Beeren verstehen die Litauer süße Suppen zu machen, die traditionell mit Mehlklößen gegessen werden.

Preislich fallen Essen und Trinken in Vilnius weniger ins Gewicht als in anderen europäischen Metropolen. Ein Mittag- oder Abendessen ohne Getränke kostet meist nicht mehr als zehn Euro. In den besseren, auch von Ausländern besuchten Restaurants schlägt

■ STORCHENSCHNAPS ZUR GEBURT

Neben Met und Bier kennen die Litauer traditionell auch ein paar **hochprozentige Getränke,** *mit denen Besucher unter Umständen Bekanntschaft machen könnten. Etwa mit* **„Starka",** *einem Schnaps, den man schon im 15. Jh. brannte und in großen Eichenfässern unter die Leute brachte. Sein Name verweist auf das alte litauische Wort „starkus" (Storch), denn dieser „Storchenschnaps" wurde nach alter Sitte gewöhnlich zur* **Geburt des ersten Sohnes** *gebrannt.*

Auch **Kräuterschnäpse** *genießen viel Beachtung, weil ihnen, wenn sie auf die Haut gerieben werden, oft heilende Wirkung gegen Gelenkschmerzen oder Erkältungen zugeschrieben wird. Am bekanntesten ist der* **„Trejos devynerios"** *(„Dreimal Neun"), den*

man früher gern in der Nacht zum Johannistag nach Sonnenuntergang gebrannt haben soll. Seinen Namen verdankt der Magenbitter den 26 in ihm verarbeiteten Kräutern und der Weißbuche, die das Holz für die Fässer lieferte, in denen er reifte.

Nicht zu verachten ist auch der **„Krupnikas",** *ein mit Kräutern angereicherter* **Honiglikör,** *der gern heiß getrunken wird. Und noch eine Getränkespezialität gibt es in Litauen. Sie stammt noch aus russischer Zeit: eine kohlensäurehaltige* **Limonade** *namens* **„Gira",** *die in der Regel aus vergorenem Schwarzbrot hergestellt wird. Ein saurer Trank mit über tausendjähriger Tradition, dem wegen seiner Milchsäurebakterien auch eine verdauungsfördernde Wirkung nachgesagt wird.*

ein dreigängiges Mahl mit 15 bis 40 Euro zu Buche. Und natürlich gilt auch hier, dass das Preis-Leistungs-Verhältnis oft besser wird, je mehr man sich aus der Innenstadt entfernt.

EMPFEHLENSWERTE RESTAURANTS

〉 **Brasserie de Verres en Vers** €€-€€€, tgl. 12-22 Uhr. Internationale Hotelküche mit internationalem Publikum im Radisson Blu Astorija Hotel (s. S. 123). Zur Verdauung empfiehlt sich ein Absinthe Fountain!

〔🍴〕35 [L10] **Bunte Gans** €-€€, Aušros Vartų g. 11, Tel. 5 2128312, www.buntegans.lt, tgl. 11-24 Uhr. Deutsche und litauische Küche. Einheimische schätzen die Schweinshaxe (45 Minuten Wartezeit!), Deutsches Erdinger Weißbier, Warsteiner und Veltins.

〔🍴〕36 [J7] **Čili Pica** €€-€€€, Gedimino pr. 23, Tel. 5 2619071, www.cili.lt, So. -Mi. 7.30-3, Do.-Sa. 7.30-6 Uhr. Neben sättigenden Frühstücken (tgl. bis 11 Uhr) auch Omeletts, Crêpes, Pizza und Salate.

〔🍴〕37 [L10] **Felicie** €€-€€€, Aušros Vartų g. 9, Tel. 68509538, www.felicie.lt, Mo.-Do. 11-24, Fr.-Sa. 11-2, So. 11-24 Uhr. Gemütliches Lokal mit mediterraner Küche nahe dem Tor der Morgenröte, im Sommer schöne Außenterrasse. Empfehlung: Gebratene Ente mit Kräutern.

▮ PREISKATEGORIEN

Preise für ein Dreigangmenü ohne Getränke (pro Person).

€	Menü bis 10 €
€€	Menü bis 25 €
€€€	Menü ab 25 €

EXTRATIPP

Essen mit Aussicht

> **Paukščių Takas (Restaurant „Milchstraße")**, auf dem Fernsehturm ㉙, Tel. 5 2525336, www.lrtc.lt, tgl. 10–22 Uhr. So international wie das Publikum ist auch die Speisekarte: Eiscreme mit Erdbeeren neben Griechischem Salat, Gemüse mit Couscous und Schweineschnitzel.

45 [M9] **Tores** €–€€, Užupio g. 40, Tel. 65532626, www.tores.lt, tgl. 12–24 Uhr. Die große Freiterrasse bietet einen einmaligen Blick auf die Altstadt. Preiswerte Suppen, leckere Salate, frische Kartoffelpfannkuchen, Fisch und Fleisch: regionale Küche mit internationaler Raffinesse.

Lecker vegetarisch

48 [K9] **Balti Drambliai** €, Vilniaus g. 41, www.baltidrambliai.lt, Tel. 5 2620875, Mo.–Do. 11–24, Fr. 11–4, Sa. 11–2, So. 12–24 Uhr. Täglich ein frisches Tagesgericht, meist Suppe, Kebab und Gemüse. Im Sommer mit schöner Gartenterrasse.

38 [L9] **Graf Zeppelin** €€–€€€, Savičiaus g. 9, www.grafzeppelin.lt, Tel. 6 7310725, Mo.–Sa. 12–23, So. 13–23 Uhr. Deutsche Küche mit litauischen Produkten, besonders auch wegen der großen Portionen geschätzt. Die Spezialität sind *Cepelinai*, gefüllte Kartoffelklöße.

39 [K8] **La Boheme** €–€€, Šv. Ignoto g. 4, Tel. 5 2121087, www.laboheme.lt, Mo.–Do. 11–24, Fr. 11–3, Sa. 12–3, So. 12–24 Uhr. Großes Lokal mit individueller Note, zu dem auch ein Kino gehört. Schon zu Sowjetzeiten beliebt. Heute locken Tapas, Snacks und Kuchen.

40 [K9] **La Provence** €€€, Vokiečių g. 22, Tel. 5 2620257, www.laprovence.lt, tgl. 11–24 Uhr. Elegantes Restaurant mit französisch-mediterraner Küche, Spezialitäten sind frischer Fisch, Lamm und Rehrücken. Große und gute Weinkarte samt pfälzischer Beerenauslesen.

41 [L9] **Lokys** €€, Stiklių g. 8, Tel. 5 2629046, www.lokys.lt, Mo.–So. 12–24 Uhr. Traditionsreiches Kellerlokal mit schönem Innenhof, bekannt für gute Regionalküche. Spezialitäten sind Wildgerichte wie Wildschwein, Reh oder Biber.

013vl Abb.: gs

Dinner for One

❶46 [K9] **Bistro 18** €-€€, Stiklių g. 8, Tel. 68303673, www.bistro18.lt, Mo. 17–24, Di.–So. 12–24 Uhr (Küche schließt in der Regel um 22.30 Uhr, sonntags um 21 Uhr). Sehr populäres Bistro-Restaurant mit drei kleinen Speiseräumen und einer separaten Weinbar, die mit Snacks oder Käsehäppchen dient. Zu empfehlen sind die Fleischbällchen in Tomatensoße!

Für den späten Hunger

❶47 [K9] **Cozy** €€, Dominikonų g. 10, Tel. 5 2611137, www.cozy.lt, Mo.–Mi. 9–2, Do. 9–4, Sa. 10–4, So. 10–2 Uhr. Besonders bei den Einheimischen beliebtes Café-Restaurant, in dessen Kellerbar jedes Wochenende Diskjockeys auflegen. Deshalb gibt es auch bis spät in die Nacht was zu essen!

❯ **Neringa** €€, www.restoranasneringa.lt, Tel. 5 2614058, Mo.–Mi. 7–23, Do.–Sa. 8–24, So. 8–22 Uhr. Beliebtes Restaurant im Hotel Scandic Neringa (s. S. 123) auf dem Gedimino-Boulevard. Leckere Fischgerichte wie Heilbutt-Filet mit Reis und Gemüse.

❯ **Riverside** €€-€€€, Mo.–Fr. 11.30–22 Uhr. Der Frühstücksraum des Radisson Blu Hotel Lietuva (s. S. 123) dient den Rest des Tages als Restaurant, schöne Außenterrasse mit Blick auf Neris und Altstadt. Werktags preiswerter Business-Lunch.

❶42 [L9] **Saint Germain** €€€, Literatų g. 9, Tel. 5 2621210, www.vynine.lt, tgl. 11–24 Uhr. Sehr stilvolles Restaurant in einer ruhigen Seitengasse, im Sommer auch mit schöner Außenterrasse.

◀ *Das Restaurant La Boheme lockt mit Tapas, Snacks und Kuchen*

Hausgemachte Tagliatelle und frische Doraden.

❯ **Stikliai Restaurant** €€€, Di.–Sa. 12–15 und 18–24 Uhr. Das exklusiv-elegante Restaurant des gleichnamigen Hotels (s. S. 123) in einem wunderschönen Innenhof. Hier kann man sich mit Entenleber und in Wein eingelegten Feigen verwöhnen lassen oder die Kürbiscremesuppe mit geräuchertem Schinken genießen. Das alles hat seinen Preis – auch der Service. Die livrierten Kellner, die den Gast bedienen, erhalten für ihre Mühe 5 € extra!

❶43 [K8] **Sue's Indian Raja** €€, Odminių g. 3, Tel. 5 2661888, www.sues-lt.com, tgl. 11–24 Uhr. Indisches Speiselokal mit Tandoorigerichten, aber auch mit Einflüssen aus den Küchen Chinas und Thailands.

❶44 [K8] **Zoe's Bar & Grill** €-€€, Odminių g. 3, Tel. 5 2123331, www.zoesbargrill. com, tgl. 11–24 Uhr. Vor allem wegen seiner Lage gegenüber der Kathedrale beliebtes Restaurant-Bistro mit gutem Preis-Leistungs-Verhältnis.

FÜR DEN KLEINEN HUNGER

❶49 [L10] **Art Cafe Creperie** €, Aušros Vartų g. 4, Tel. 68308771. Winziges Bistro mit preiswerten Crêpes und Snacks. Pfiffige Innenraumgestaltung, die schon allein das Reinschauen lohnt!

❶50 [K8] **Mano Guru** €, Vilniaus g. 22, Tel. 5 2120126, www.manoguru.lt, Mo.–Fr. 7–21, Sa.–So. 9–20 Uhr. Selbst gemachtes Brot zu Gemüse- und Salatgerichten. Kein Alkohol!

❍51 [L9] **Senamiescio Krautuve**, Literatų g. 5, www.senamiesciokrautuve.lt, Tel. 5 2312836, Mo.–Sa. 9–20, So. 9–18 Uhr. Kleiner Tante-Emma-Laden mit frischem Gemüse und leckeren Kuchen, die man mit einer Tasse Kaffee genießen kann, Tische und Stühle stehen im Sommer auf der Straße!

CAFÉS

⟲**52** [L9] **Café de Paris**, Didžioji g. 1, Tel. 5 2611021, www.cafedeparis.lt, So.–Di. 11–24, Mi.–Do.11–2, Fr.–Sa. 11–4 Uhr. Große Auswahl an Kaffes und Tees, dazu frische Croissants, spät nachmittags auch Snacks und Fingerfood. Sonntags gibt es Brunch!

⟲**53** [K8] **Coffee Inn**, Vilnius g. 17, Tel. 65577763, Mo.–Mi. 7–22, Do. 7–23, Fr. 7–24, Sa. 9–24, So. 9–22 Uhr. Muffins, Sandwiches und andere Kleinigkeiten satt! Bei jungen Leuten wegen des kostenlosen WLAN geschätzt. Zweigstellen in der Traku und Pilies gatvé sowie auf dem Gedimino Prospektas.

⟲**54** [K8] **Double Coffee**, Gedimino pr. 5, Tel. 65677861, www.doublecoffee.lt., Mo.–Fr. 7–24, Sa. 9–24, So. 9–22 Uhr. Kaffee, Espresso, Cappuccino – mehr als ein halbes Dutzend Double-Coffee-Läden garantieren in Vilnius und Kaunas unbeschwerten Kaffeegenuss. Die Espressobars verströmen ein mediterranes Lebensgefühl, haben alle kostenloses WLAN und treffen damit genau das Lebensgefühl vieler Litauer. Die Cafés sind in der Regel die ganze Woche von frühmorgens bis spät in die Nacht geöffnet, manche an Wochenenden auch bis in die Morgenstunden. Allein drei Cafés der baltischen Ladenkette finden sich auf dem Gedimino-Boulevard (Gedimino prospektas) in Vilnius, eine in der Pilies gatvé und weitere in den Einkaufszentren Europa und Akropolis.

⟲**55** [M9] **Prie Angelo**, Užupio g. 9, Tel. 5 2153790, So.–Do. 9–23, Fr.–Sa. 9–24 Uhr. Kleines, stilvolles Café im Künstlerstadtteil Užupis mit kleiner Speisekarte.

❯ **SMC Café** (Siuolaikinio Meno Centro Kavine), Vokiečių g. 2, Tel. 5 2617097, www.cac.lt, Di.–So. 12–19 Uhr. Künstler- und Studentencafé im Zentrum für zeitgenössische Kunst **17**. Recht günstige Preise und WLAN-Hotspot.

VILNIUS AM ABEND

Vilnius lebt! Vor allem im Sommer spürt das jeder Besucher, wenn er abends durch die Stadt bummelt und über die großen Boulevards schlendert, deren Terrassenrestaurants und -cafés bis spät in die Nacht offen haben. Im Winter drängt man sich in den Kellerlokalen der Altstadt und Livebands heizen vor allem der Jugend ein. Aber auch Diskotheken und Spielhallen, Szenebars und Kinos finden genau wie Kunstkeller, Opernhäuser, Konzertsäle und Theater Abend für Abend ihr Publikum.

Litauens Ausgehwillige stört **keine Sperrstunde**. Das wissen vor allem die Twens zu schätzen, die heute mehr als früher die Nacht zum Tag machen. In vielen Klubs wird mindestens einmal wöchentlich **live musiziert** und Blues- und Jazzfans kommen ebenso auf ihre Kosten wie die Anhänger von Rock oder Heavy Metal. Immer wieder öffnet auch irgendwo in der Stadt eine neue Bühne und engagierte Leute finden sich zusammen, um Theater zu spielen oder Musik zu machen. So gibt es neben den

▶ *Und abends mit Beleuchtung: der Rathausplatz mit dem Alten Rathaus* **16**

großen **staatlichen Theatern** auch viele **kleine Bühnen** für fast jeden Geschmack – vom Theater für russische Dramen bis zum Puppentheater **Lėlė** (s. S. 29).

Anders als viele Besucher vielleicht denken, hat das Theater in Litauen eine lange und große Tradition. Angeblich wurde schon 1570 ein erstes Schauspiel im Herrscherpalast aufgeführt. Und schon im 17. Jahrhundert gab es eine feste Bühne in der Stadt, auf der **Komödien** und **Dramen** aufgeführt wurden. 1636 hatte mit „Der Raub der Helena" die erste **Oper** in italienischer Sprache in Vilnius Premiere. Jahrzehnte später gab es erste **Ballettaufführungen.** 1785 öffnete das erste **Stadttheater** seine Pforten, das dem Volk Zugang zu den Werken Molières, Voltaires, Lessings, Schillers und anderer Denker und Dichter verschaffte. Heute genießen litauische Inszenierungen Weltruhm und Regisseure wie Eimuntas Nekrošius, Rimas Tuminas oder Oskar Koršunovas haben sich unter Theaterliebhabern einen Namen gemacht.

BARS UND BISTROS

❶56 [L10] **Absento Fejos,** Aušros Vartų g. 11, Tel. 5 2619261, Di.–Do. 18–3, Fr. 18–5, Sa. 19–5 Uhr. Nicht ganz preiswerte Bar, neben Cocktails wird vor allem hochprozentiger Absinth ausgeschenkt.

❯ **Astorija Bar,** tgl. 7–1 Uhr. Bar mit internationalem Publikum im Radisson Blu Astorija Hotel (s. S. 123).

❶57 [L9] **Cactus Bar,** Bokšto g., Tel. 60112555, www.cactusbar.lt, So.–Do. 11–2, Fr.-Sa. 11–4 Uhr. Einzige Tequilabar der Stadt, im Angebot sind 30 verschiedene Sorten, die auch in über 30 Longdrinks und Cocktails schmecken.

❶58 [L10] **In Vino,** Aušros Vartų g. 7, Tel. 5 2121210, www.invino.lt, So.–Do. 16–2, Fr.-Sa. 16–4 Uhr. Kenner halten den Laden für eines der besten Weinlokale der Stadt, in der hin und wieder auch Stars Station machen.

❶59 [I6] **Liv Lounge,** Tumeno g. 4, Tel. 5 2421055, www.livlounge.lt, Mo.–Do. 10–23, Fr. 10–3, Sa. 12–1, So. 12–23 Uhr. Schicke Cocktailbar unweit des Parlaments, im Sommer mit schöner Außenterrasse.

❼60 [L10] **Mojito Naktys,** Didžioji g. 33/ Rüdninku g. 2, Tel. 61004131, www. mojitonaktys.lt, Do.–Sa. 21–5 Uhr. Lieblingsbar der Einheimischen mit beeindruckender Cocktailkarte. Der Eingang liegt versteckt in einer Seitengasse. Auch Raucher finden hier ein Plätzchen!

❼61 [K8] **Paparazzi,** Totorių g. 3, Tel. 5 2120135, www.paparazzi.lt, tgl. 16–3 (Fr.–Sa. bis 6) Uhr. Bei jungen Leuten beliebte Cocktaillounge und am Wochenende attraktiver Partyort.

❸62 [K8] **Prie Katedros,** Gedimino pr. 5, Tel. 60577555, www.priekatedros.lt, Mo.–Mi. 11–24, Do. 11–1, Fr. 11–2, Sa. 12–2, So. 12–23 Uhr. Hochgelobte Hausbrauerei nahe der Kathedrale. Drei Sorten sind im Angebot: hell, dunkel und mit Honig gesüßt. Wer will, kann alle in Minigläsern vor der Bestellung probieren!

❯ **Sky Bar,** im Radisson Blu Hotel Lietuva (s. S. 123), Tel. 5 2314823, So.–Do. 17–1, Fr.–Sa. 17–2.30 Uhr. Retro-Cocktailbar in der 22. Etage mit dem vielleicht schönsten Blick auf die Stadt. Vor allem abendsbei untergehender Sonne.

KLUBS, DISCOS UND CO.

❸63 [L10] **Artistai Pub,** Sv. Kazimiero g. 3, Tel. 5 2121268, www.artistai.lt, Mo.–Do. 11–2, Fr. 11–5, Sa. 12–5, So. 12–1 Uhr. Ein Altstadtklub, der tagsüber als Bar und Restaurant dient, abends als Diskothek. Bei der Jugend besonders beliebt!

❸64 [L8] **Aula Blues Club,** Pilies g. 11, Tel. 5 2687173, www.bluesclub.lt. Im Keller des tgl. geöffneten Restaurants Aula sind Jazz, Blues und Rock zu Hause, sehr oft als Livemusik. Mittwochs Blueskonzerte, Donnerstags Jazz.

❸65 [L10] **Bix,** Etmonų g. 6, Tel. 5 2627791, www.bix.lt, Mo.–Do. 11–2, Fr.–Sa. 12–5, So. 12–24 Uhr. Der Klubname erinnert an eine bekannte litauische Rockband. Neben alteingesessenen Rockern auch bei Studenten beliebt, vor allem bei Livekonzerten.

❯ **Cozy,** Do.–Sa. 21–4 Uhr. Klub unter dem gleichnamigen Café-Restaurant (s. S. 25). Dreimal wöchentlich legen Litauens beste DJs auf: z. B. Jazz, Funk, Lounge und House.

❸66 [H7] **Club Gravity,** Jasinskio g. 16, Tel. 5 2497966, www.clubgravity.lt, Fr.– Sa. 22–5 Uhr. Beliebter Altstadtklub in einem ehemaligen Bunker, international bekannte DJs unterhalten die Ausgehwütigen mit House und Elektropop.

❯ **Neringa** (s. S. 25), Fr.–Sa. 22–4 Uhr. Wo man tagsüber speist, tanzt man am Wochenende zu den Hits von gestern. Meist jung gebliebenes, älteres Publikum, das im Retro-Kellerklub bei Champagner von gestern träumt.

❸67 [K9] **Pabo Latino,** Traku g. 3, Tel. 5 2621045, www.pabolatino.lt. Do. 20–3, Fr.–Sa. 20–5 Uhr. Etwas plüschig. Salsa auf dem Parkett, Tequila an der Bar.

❸68 [K8] **Pogo,** Vilniaus g.12, Tel. 60419567, www.pogobaras.lt, Fr. 11–6, Sa. 16–4, So. 18–2 Uhr. Feuchtfröhliche Punker und Hardrocker kommen hier auf ihre Kosten, ein Paradies für alle bierseligen Headbanger. Manchmal Livemusik in Höllenlautstärke!

🌀**69** [K8] **Prospekto P.U.B.,** Gedimino pr. 2/1, www.prospektopub.com, Tel. 5 2120832, Mo.–So. 11–5 Uhr. Renovierte Disco-Bar über mehrere Stockwerke, vor allem bei Touristen beliebt, der Musikgeschmack ist dementsprechend global.

🌀**70** [L10] **Tamsta,** Subačiaus g. 11a, Tel. 5 2124498, www.tamstaclub.lt, Mi./Do. 19–1, Fr./Sa. 19–3 Uhr. Musikklub im ersten Stockwerk einer alten Fabrik, studentisches Publikum. Mehrmals wöchentlich Liveacts, donnerstags Newcomerbands.

🌀**71** [K8] **Woo,** Vilniaus g. 22, Tel. 5 2127740, www.woo.lt, Mo.–Mi. 11–2, Do. 11–4, Fr. 11–6, Sa. 21–6 Uhr. Angesagter Hotspot in großem Partykeller. Meist junges Publikum. Livejazz, Techno, Funk u. a.

THEATER UND KONZERTHALLEN

🌀**72** [K7] **Kongresspalast,** Vilniaus g. 6, Tel. 5 2618828, www.lvso.lt. Kultursaal mit viel gelobter Akustik.

🌀**73** [L10] **Nationalphilharmonie Litauen,** Aušros Vartu g. 5, Tel. 5 2665233 (Karten), www.nationalphilharmonic. eu. Konzerthalle und Kammermusiksaal sowie Heimat des Litauischen Symphonieorchesters.

🌀**74** [K7] **Nationaltheater Litauen (Oper- und Ballett),** A. Vienuolio g. 1, Tel. 5 2620727 (Kartenverkauf), www.opera. lt. Grundlegend renoviertes Theater, das traditionelle, aber auch zeitgenössische Produktionen im Repertoire hat.

🌀**75** [K8] **Nationaltheater Litauen (Schauspiel),** Gedimino pr. 4, Tel. 5 2629771 (Theaterkassen und Information), www. teatras.lt. Renommiertes Ensemble, das mit klassischen und modernen Stücken auch gern auf Tournee ist.

EXTRATIPP

Puppentheater

Der Name ist Programm, bedeutet doch das litauische Wort *lėlė* „Puppe". Das 1958 gegründete Theater ist eine von drei Puppenbühnen Litauens und spielt seit 1977 in der Altstadt. Jährlich rund 35.000 Zuschauer sehen etwa 300 Aufführungen im Jahr. Pinocchio, Biene Maja, Cinderella und andere Klassiker gehören zu den gut zwei Dutzend Stücken im Repertoire der Bühne, die schon in der ganzen Welt zu Gast war. Im gleichen Haus findet sich auch ein Jugendtheater.

🌀**81** [K10] **Theater Lėlė,** Arklių g. 5, Tel. 5 2628678, www.teatraslele.lt

🌀**76** [K10] **Oskaras Koršunovas Theater,** Ašmenos g. 8, Tel. 5 2122099, www.okt. lt. Heimstatt des bekannten Regisseurs Oskar Koršunovas, dessen Inszenierungen Weltruhm genießen. Das Theater ist auch Organisator des internationalen Theaterfestivals Sirenos (s. S. 12).

🌀**77** [J9] **Russisches Theater Litauens,** J. Basanavičiaus g. 13, Tel. 5 2620552, www.rusdrama.lt. Theater in russischer Sprache, anspruchsvolle Inszenierungen.

🌀**78** [K1] **Siemens-Arena,** Ozo g.14, Tel. 5 2477576, www.siemens-arena. com. Wichtigste Mehrzweckhalle der Stadt, in der die Größen des Pop ebenso zu Hause sind wie Basketballer oder Eishockeyspieler.

🌀**79** [J7] **Staatliches Kleines Theater von Vilnius,** Gedimino pr. 22, Tel. 5 2499869, www.vmt.lt. Gastspielbühne mit eigenem Ensemble. Wirkungsstätte des Regisseurs Rimas Tuminas.

🌀**80** [C4] **Theater der Sonderlinge (Keistuolių teatras),** Laisvės pr. 60, Tel. 5 2424585, www.keistuoliai.lt. Modernes Theater.

VILNIUS FÜR KUNST- UND MUSEUMSFREUNDE

Kunst und Kultur waren schon immer wichtig in der Stadt und ohne sie wäre Vilnius nicht zu dem geworden, was es bis heute ist: eine Metropole. Es vergeht kein Tag, an dem nicht irgendwo Sonderausstellungen zu sehen sind, Schauspiele oder Musicals Premiere haben, Opern und Konzerte locken, Festivals die Massen begeistern oder sich Musiker aus aller Welt in großen Hallen und kleinen Klubs dem Publikum stellen. Vielfältig ist auch die Museumslandschaft. Einige Musentempel sind neu renoviert, andere haben das noch vor sich.

Man kann die Museen in Vilnius aber nicht mit denen anderer Landeshauptstädte vergleichen. Selbst nationale Museen sind oft nicht mehr als große städtische Sammlungen in Deutschland, Österreich oder der Schweiz. **Abstriche** muss man oft auch bei der Präsentation machen. Deutschsprachige Beschriftungen sind kaum vorhanden, englische auch nicht immer. Doch es gibt auch Ausnahmen wie das neue **Museum für kirchliches Kulturerbe 8** , wo man in einer ehemaligen Kirche einen einmaligen Ausstellungsraum geschaffen hat. Und auch das **Litauische Energiemuseum 28** zeigt, wie neue Museumslandschaften entstehen könnten.

Zu den gewichtigsten Museen der Stadt zählt neben dem **Litauischen Nationalmuseum 5** mit seinen Ausstellungsräumen in den sogenannten Arsenalen zu Füßen des Burgberges auch das **Litauische Kunstmuseum** mit seinen über 200.000 Ausstellungsstücken, die in gleich acht Gebäuden untergebracht sind. Vier davon finden sich in der Landeshauptstadt: die **Gemäldegalerie Vilnius** (s. S. 31), der **Radziwill-Palast** (s. S. 32), das **Museum für Angewandte Kunst** (s. S. 32) und die **Nationale Kunstgalerie** (s. S. 32). Diese Häuser spiegeln die Entwicklung litauischer Kunst und Künstler vom Mittelalter bis zur Gegenwart wider. Einen Besuch lohnt auch das **Museum der Genozidopfer 26** , im Volksmund auch als KGB-Museum bekannt. Es verrät, wie der sowjetische Geheimdienst einst in der Stadt operierte, aber auch wie die Nationalsozialisten

015vi Abb:: gs

◀ *Die Plastik „Drei Musen" am Schauspielhaus auf dem Gedimino-Boulevard* 25

Museen, die mit einer magentafarbenen Nummer (**28**) als Hauptsehenswürdigkeit ausgewiesen sind, werden im Kapitel „Vilnius entdecken" ausführlich beschrieben. Dort finden sich auch alle praktischen Informationen wie Adresse, Öffnungszeiten usw.

im selben Gebäude den Massenmord an den Juden planten.

Unübersehbar ist die **Kunst im öffentlichen Raum**, von der nicht nur schöne Brunnen und Denkmäler, sondern an vielen Ecken der Stadt – vor allem im Künstlerviertel Užupis **24** – auch Graffiti zeugen. Allerdings sind die Wandbemalungen auch in Vilnius umstritten, bei vielen Malereien scheiden sich die Geister, ob ihre Urheber als Künstler oder Vandalen zu betrachten seien. Ein Denkmal übrigens hat Vilnius weltberühmt gemacht: eine dem amerikanischen Musiker und Komponisten **Frank Zappa gewidmete Statue**, die man 1995 in der K. Kalinausko gatvė 1 [J8] aufstellte und deren Kopie seit Kurzem in der Geburtsstadt Zappas, dem amerikanischen Baltimore, steht. Obwohl Zappa niemals in Litauen war, würdigte man mit dem Denkmal einen künstlerischen Querdenker, den man schon zu Sowjetzeiten heimlich bewundert hatte.

AUSGESUCHTE MUSEEN UND GALERIEN

82 [M9] **Alternatives Kunstzentrum Užupis (Galerie Pries narkotikus)**, Užupio g. 2, Tel. 5 61122675, www.umi.lt, Mo.–Fr. 11–19 Uhr, Sa.–So. 13–17 Uhr. Galerie am Flussufer, die gleichzeitig als „Außenministerium" der Republik Užupis fungiert. Im Angebot sind Werke lokaler

Künstler, aber auch Bilder von Kindern oder Rentnern.

83 [L8] **Bernstein-Museum (Gintaro galerija muziejus)**, Šv. Mykolo g. 8, Vilnius, Tel. 5 2623092, www.ambergallery. lt, tgl. 10–19 Uhr. Kleines Museum, das die Geschichte des Bernsteins mit Originalstücken und Schautafeln erklärt. Mit Verkaufsgalerie.

84 [K8] **Galerie Vartai (Galerija Vartai)**, Vilniaus g. 39, Tel. 5 2122949, www. galerijavartai.lt, Di.–Fr. 12–18, Sa.12–16 Uhr. Einflussreichste Galerie Litauens mit Werken fast aller großen Gegenwartskünstler des Landes.

85 [L9] **Gemäldegalerie Vilnius (Vilniaus paveikslų galerija)**, im Chodkevicius-Palast, Didzioji g. 4, Tel. 5 2124258, www. ldm.lt, Di.–Sa. 11–18, So. 12–17 Uhr, 6 Lt. Dauerausstellung zur Kunstentwicklung Litauens vom 16. bis zum 20. Jahrhundert. Im Obergeschoss befinden sich Möbel aus der Biedermeierzeit und gelegentlich gibt es Wechselausstellungen, Konzerte oder Dichterlesungen.

86 [L10] **Literarisches Museum Alexander Puschkin (Literaturinis Aleksandro Puškino muziejus)**, Subačiaus g. 14, Tel. 5 2600080, www.vilniausmuziejai.lt, Mi.–So. 10–17 Uhr, 4 Lt. Im Gutshaus, in dem die Familie des jüngeren Puschkin-Sohnes wohnte, erinnern Exponate an den großen russischen Dichter. Filme und Musik lassen seine Werke aufleben.

28 [L7] **Litauisches Energie- und Technikmuseum (Energetikos ir technikos muziejus)**. Interessante Technikschau in einem alten Kraftwerk.

5 [L7] **Litauisches Nationalmuseum (Lietuvos nacionalinis muziejus)**. Populäre Sammlungen zu Geschichte, Kunst und Kultur des Landes. Zum Museum gehört auch eine kleine Ausstellung im Turm auf dem Burgberg.

87 [L8] **Museum Adam Mickiewicz (Vilniaus universiteto bibliotekos Adomo Mickeviciciaus muziejus)**, Bernardinų g.11, Tel. 5 2791879, www.mb.vu.lt, Di.-Fr. 10-17, Sa.-So. 10-14 Uhr, 4 Lt. Gedenkstätte für den großen Dichter in seiner ehemaligen Wohnung in der Universität.

㉖ [J7] **Museum der Genozidopfer (Genocido aukų muziejus).** Auch als KGB-Museum bekannte Erinnerungsstätte an die Gräuel der Nazis und der Sowjets.

88 [L7] **Museum für Angewandte Kunst (Taikomosios dailės muziejus),** Arsenalo g. 3a, Tel. 5 2628080, www.ldm.lt, Di.-Sa. 11-18, So. 11-16 Uhr, 6 Lt. Dauerausstellung mit stadtgeschichtlichen, kunsthistorischen und religiösen Kunstwerken. Beachtenswert sind aber vor allem die jährlich wechselnden Sonderschauen.

❽ [L8] **Museum für kirchliches Kulturerbe, Michaelskirche (Bažnytinio paveldo muziejus).** Eines der jüngsten und modernsten Museen der Stadt mit Kirchenschätzen aus der Kathedrale und anderen Gotteshäusern.

89 [J5] **Nationale Kunstgalerie (Nacionalinė dailės galerija),** Konstitucijos pr. 22, Tel. 5 2195960, www.ndg.lt, Di., Mi., Fr., Sa. 12-19, Do. 13-20, So. 12-17 Uhr, 10 Lt. In der renovierten Kunstgalerie hat die Kunst des 20. Jahrhunderts Platz gefunden: Gemälde und Skulpturen litauischer Künstler aus dem In- und Ausland. Fotografien und Videoinstallationen dokumentieren die Kunst des neuen Jahrtausends.

90 [K8] **Radziwill-Palast (Radvilų Rumai),** Vilniaus g. 22, Tel. 5 2121477, www.ldm.lt, Mi.-Sa. 11-18, So. 12-17 Uhr, 6 Lt. Alter Adelspalast aus dem späten 17. Jh. mit meist wechselnden Kunstausstellungen. Behindertengerecht eingerichtet!

91 [K9] **Theater-, Musik- und Kinomuseum Litauens (Lietuvos teatro, muzikos ir kino muziejus),** Vilniaus g. 41, Tel. 5 2622406, www.ltmkm.lt, Di.-Fr. 12-18, Sa. 11-16 Uhr, 5 Lt. Kulturhistorisch

interessante Sammlung mit alten Musikinstrumenten, Werken der Bühnenmalerei und Devotionalien berühmter litauischer Bühnenkünstler.

92 [L9] **Vilniusser Fotografiegalerie (Vilniaus fotografijos galeria),** Stiklių g. 4 (Eingang: Didžioji g. 19), Tel. 5 2611702, www.photography.lt, Mo.-Fr. 10-19 Uhr. Wechselausstellungen der litauischen Fotografenvereinigung.

93 [L10] **Wachsfigurenkabinett (Vaškinių figūrų muziejus),** Aušros Vartų g. 19, Tel. 67372311, tgl. 9-21 Uhr, 16 Lt. Auf zwei Etagen haben Mike Tyson, Elton John und Freddy Mercury neben Marilyn Monroe, Charlie Chaplin und Brad Pitt ihren Platz gefunden. Aus dem Fenster grüßt Papst Johannes Paul II. die Pilger und gleich links hinter dem Eingang zeigt sich eine der schönsten Arbeiten: Die Jünger Jesu sitzen an einem viele Meter langen Tisch. Auch Charaktere aus den Harry-Potter-Romanen oder den Star-Wars-Filmen grüßen den Besucher.

94 [L9] **Zentrum für Grafikkunst Vilnius (Vilniaus grafikos meno centras),** Latako g. 3, Tel. 5 2611995, www.graphic.lt, Di.-Fr. 11-18, Sa. 11-15 Uhr. Kleine Galerie, die sich zeitgenössischer Grafik verschrieben hat. Internationale Wechselausstellungen.

⓱ [K10] **Zentrum für Zeitgenössische Kunst (Šiuolaikinio meno centras).** 1968 als „Palast der Kunst" für sozialistische Meisterwerke gebaut, dient es heute unter anderem als Platz für Videoinstallationen oder andere Multimediashows. 2400 m² Ausstellungsfläche – und ein Museumscafé als Treff.

Zum **Staatlichen jüdischen Museum (Valstybinis Vilniaus Gaono zydu muziejus)** gehören mehrere Abteilungen, so z. B.

㉚ **Genozid-Gedenkstätte Paneriai (Panierių Memorialinis Muziejus).** Weit außerhalb der Stadt erinnert eine Gedenkstätte an den Holocaust.

95 [J8] **Historische Ausstellung (Istoriniu ekspocijos),** Pylimo g. 4, Tel. 5 2620730, www.jmuseum.lt, So.–Do. 10–14 Uhr. Wegen Renovierung zeitweise geschlossen. Bitte vorher erkundigen! Im ehemaligen jüdischen Gymnasium erinnern zahlreiche Ausstellungsstücke an die lange Geschichte der Juden in Litauen.

96 [J8] **Holocaust-Museum (Holokausto ekspocijos darbo laikas),** Pamėnkalnio g. 12, Tel. 5 2620730, www.jmuseum. lt, Mo.–Do. 9–17, Fr. 9–16, So. 10–16 Uhr, 5 Lt. Kleines, neu renoviertes Museum, das auch als „Grünes Haus" bekannt ist. Mit Fotos und Originaldokumenten wird hier an den Holocaust in Litauen erinnert.

97 [J10] **Toleranzzentrum (Tolerancijos centro darbo laikas),** Naugarduko g. 10/2, Tel. 5 2629666, www.jmuseum.lt, Mo.–Do. 10–18, Fr. und So. 10–16 Uhr. Das Museum im ehemaligen jüdischen Theater dient als Raum für Ausstellungen, Konferenzen und Diskussionen.

016vl Abb.: gs

VILNIUS ZUM TRÄUMEN UND ENTSPANNEN

Keine andere Metropole im Baltikum bietet mehr Grün als Vilnius. Parks und Wiesen, kleine Wälder und Gärten finden sich überall in der Stadt und bieten Ruheräume für Sonnenanbeter und Frischluftfanatiker, aber auch Aktivzonen für Jogger, Biker oder Ballspieler. Die grünen Lungen werden das ganze Jahr über genutzt, auch im Winter, wenn Jung und Alt hier ihre Schneemänner bauen.

Rund **vierzig Prozent** des Stadtgebiets bestehen aus **Grünflächen.** Eine der beliebtesten Erholungsregionen ist der **Kalnų-Park** [M7] im Nordosten der Altstadt. Genau betrachtet besteht er aus mehreren Hügeln, welche die Einheimischen „Berge"

nennen. Von ihnen bietet sich immer wieder ein prächtiger Blick auf die Altstadt, vor allem aber auf Vilnia und Neris. Am bekanntesten ist der **Berg der Drei Kreuze,** auf den ein Sträßchen führt. Er gilt als eines der Wahrzeichen der Stadt. Überzeugte Lokalpatrioten vergleichen die dort stehenden großen Kreuze gern mit der Christusstatue in Rio de Janeiro. Das ist zwar maßlos übertrieben, macht aber die Bedeutung des Platzes klar, denn mit dem Berg ist die Legende verbunden, dass heidnische

▲ *Stadtnah und beliebt: der Kalnų-Park [M7] mit dem Flüsschen Vilnia*

017 vl Abb.: gs

Kiefernwald seine Sommerresidenz bauen ließ. In ihrem Schatten wurde Anfang letzten Jahrhunderts ein botanischer Garten angelegt. Auch im Vingio-Park gibt es eine riesige Freiluftbühne, die alle paar Jahre Schauplatz des großen baltischen Sängertreffens ist. Aber auch Rockkonzerte, Papstmessen und historisch bedeutsame Veranstaltungen fanden hier bereits statt. Noch weiter westlich, zwischen den Stadtteilen Karoliniškės und Lazdynai, findet sich eine der jüngsten Parkanlagen, der **Pasakų-Park.** Er ist vor allem bei Kindern beliebt, die sich im **Märchenpark** (s. S. 117) über die vielen Holzskulpturen mit litauischen Märchenfiguren freuen können.

Auf der anderen Seite von Vilnius finden sich mit **Verkių-** und **Pavilnių-Park** zwei bei den Einheimischen beliebte Regionalparks mit schönen Panoramawegen. Besonders wohl fühlen sich hier im Winter die Skifahrer.

Wunderschöne **Wanderrouten** finden sich auch weiter außerhalb. Eine der beliebtesten startet am Verkių-Palast im Verkių-Park und führt über kleine Hügel an den sogenannten **Grünen Seen** entlang. Viele Gäste und Pilger werden auch von den **Vilniusser Kalvarien** angezogen, wo man auf 7 km Länge den Kreuzweg Christi gehen kann. Vorbei an kleinen Kapellen und Holzkreuzen, Stationen, die an die Passion erinnern.

Ureinwohner an dieser Stelle einige Franziskaner-Missionare brutal ermordet hätten. Geschichtlich erwiesen ist dies nicht, klar ist nur, dass im 17. Jh. hier drei Holzkreuze errichtet wurden, die 1916 durch Betonkreuze ersetzt wurden. 1951 wurden sie von den Sowjets gesprengt, ehe sie die selbstbewussten Litauer 1989 größer als je zuvor wieder aufstellten.

Noch näher am Stadtzentrum liegt der **Sereikiškių-Park** [M8]. Zwischen dem Gediminas-Burgberg, dem Fluss Vilnia und dem Bernhardinerkloster ist er im Sommer ein beliebter Treffpunkt der Einheimischen. Dies verdankt er einem großen Kinderspielgelände, Tennis- und anderen Sportplätzen sowie seinen vielen Open-Air-Musikveranstaltungen.

Ganz groß wird Freizeit im **Vingio-Park** [D7–F8] ganz im Westen der Stadt geschrieben, einem 162 Hektar großen, bewaldeten Park an der Neris. In der frühen Neuzeit gehörte er einer Adelsfamilie, später dem Bischof und schließlich dem Generalgouverneur der Stadt, der sich im

◀ *Der Berg der Drei Kreuze (s. S. 33) ist ein populäres Ausflugsziel in Stadtnähe*

AM PULS
DER STADT

003vl Abb.: gs

MYNDOUWE DEI GR

Vilnius ist die wichtigste und größte Stadt des Landes, Hauptstadt der Republik Litauen, Verwaltungszentrum und Kulturmetropole. In ihr werden die Weichen für Wirtschaft und Politik gestellt, hier haben Staatspräsidentin, Parlament, Regierung und höchste Gerichte ihren Sitz. Historische Bauten prägen die Stadt ebenso wie moderne Wolkenkratzer. Hinter gotischen Mauern und barocken Decken hat aber auch längst das Computerzeitalter Einzug gehalten.

DAS ANTLITZ DER HAUPTSTADT

Als Stadt zwischen West und Ost, als Bindeglied Europas, sieht sich Vilnius heute gern – eine Metropole, die Jahrzehnte im Abseits lag, inzwischen aber immer mehr in den Mittelpunkt rückt. Sechs Kilometer von der historischen Altstadt entfernt liegt nach neuesten Berechnungen das geografische Zentrum Europas. Dabei wurden allerdings die Azoren und alle europäischen Teile, die geografisch zu Afrika oder Asien gehören – wie die Kanarischen Inseln oder einige griechische Eilande vor der türkischen Küste – außen vor gelassen.

Wie **Europas geografischer Mittelpunkt** hat sich auch **Vilnius** in den letzten Jahren neu verortet. Seit der Unabhängigkeit Litauens ist die Stadt zum Aushängeschild des Landes geworden und zur Vorzeigemetropole eines Volkes, das zu den zahlenmäßig kleinsten Europas zählt. Fremde Besatzer, Revolutionen, Krieg und Verderben, Massaker und Elend haben die Stadt über Jahrhunderte immer wieder heimgesucht, ihren Stolz aber konnte keiner brechen. Auch

nicht das **Selbstbewusstsein**, das sich in gotischen und barocken Bauten ebenso niederschlägt wie in breiten Prachtboulevards oder gläsernen Wolkenkratzern. Kronjuwel ist die historische Altstadt, die seit 1994 den Schutz des UNESCO-Weltkulturerbes genießt.

Aus dem mittelalterlichen Dörfchen am Zusammenfluss von Neris und Vilnia ist längst eine Großstadt mit mehr als einer **halben Million Einwohnern** und über **400 km² Fläche** geworden. Die Stadt ist in 21 Stadtbezirke aufgeteilt, von denen fast jeder sein eigenes Gesicht hat. Das touristisch schönste zeigt sich mit der **Altstadt**, die man problemlos zu Fuß erobern kann. Auch eine Erkundung per Rad bietet sich an: Vilnius ist von vielen breiten Radwegen durchzogen und Drahtesel kann man vielerorts kostengünstig leihen. Manche Hotels stellen sie ihren Gästen gar kostenlos zur Verfügung und seit Neuestem hat die Stadt sogar an zentralen Punkten eigene Parkplätze für die Radler geschaffen.

Weniger als früher fallen heute die **Autos** in der Stadt auf. An den wichtigsten Stellen – wie dem Rathausplatz – sind die Blechkisten in Tiefgaragen verschwunden, den Rest hat man in Hinterhöfen abseits der touristischen Routen versteckt. Hohe Parkgebühren und ein für Fremde wenig durchsichtiges Netz von Einbahnstraßen verleiden das Autofahren zusätzlich.

Blickfang der Altstadt ist der weithin sichtbare Burgberg mit dem Gediminas-Turm, von dem man den

◄ *Vorseite: Mindaugas-Denkmal vor dem Litauischen Nationalmuseum* ❺ schönsten Blick auf die Altstadt, die Kathedrale und das sogenannte Gotische Ensemble, auf die gerade fertig gewordene Neue Burg und das alte Universitätsviertel mit der Johanneskirche hat.

Richtung Norden blickt man auf die **Neustadt** mit ihren Hochhäusern, Einkaufszentren und dem modernen Rathaus. Hier befindet sich das Vilnius der Zukunft, die Stadt der Glas- und Stahlpaläste, in denen die Gelder großer Immobilienfonds stecken. Nur ein paar Schritte weiter aber holt den Besucher wieder die Vergangenheit ein, Kinder toben im Vorstadtdreck und man wohnt in kleinen Holzhäusern statt in schicken Eigentumswohnungen. Noch weiter weg liegen die **Trabantenstädte** mit ihren Plattenbauten, die Schlaf- und Wohnstätten vieler Zehntausend Menschen, die sich die teuren Mieten in der Innenstadt nicht leisten können. Hier hat Vilnius wieder ein anderes Gesicht. Eines, das kaum einer der Touristen zu sehen bekommt. Es sei denn, dass Neugier und Abenteuerlust ihn dorthin verschlagen.

▲ *Litauens populärstes Pilgerziel: das Tor der Morgenröte* ㉑

VON DEN ANFÄNGEN BIS ZUR GEGENWART

Über die Anfänge der Städte Vilnius und Kaunas weiß man wenig. Kein Wunder, dass die Legenden blühen. Eine ist die vom Eisernen Wolf (s. S. 50). Sie erzählt von Gediminas, einem litauischen Großfürsten, dem die Gründung der Stadt Vilnius im Traum suggeriert worden sein soll. Archäologische Ausgrabungen erzählen die Geschichte freilich etwas anders. Danach sollen schon in der Steinzeit am Zusammenfluss

▲ *Wappen und Reliefs spiegeln die lange Geschichte der Stadt wider*

von Vilnia und Neris Menschen gesiedelt haben. Später auch in Kaunas, wo der Zusammenfluss von Memel und Neris ebenfalls die ersten Siedler lockte.

Greifbarer wird die Historie beider Städte im **Mittelalter**, als sich in den Metropolen des litauischen

Großfürstentums die ersten großen **Handelswege** kreuzten. Jetzt war eine Stadtpolitik gefragt, die vor allem von wirtschaftlichen Interessen geleitet war, was schon damals **Expansion** bedeutete. **Großfürst Gediminas** (ca. 1275–1341), ein Nachfahre des populären Königs Mindaugas (ca. 1203–1263), verschickte Briefe in den Westen Europas. In ihnen lud er Kaufleute, Fischer und Handwerker zur Arbeit nach **Vilnius** ein. Dafür versprach er ihnen Landbesitz und Steuervorteile. Da diese 1323 verschickten Briefe erstmals den Stadtnamen Vilnius erwähnen, gelten sie als eine Art **Gründungsurkunde** der Stadt.

Kaunas fand erstmals 1361 in den Chroniken des **Deutschen Ordens** Erwähnung, der Anspruch auf eine an den Flussmündungen entstandene Festung erhob. Immer wieder gab es deshalb Auseinandersetzungen mit den Kreuzrittern, die auch Vilnius mehrmals attackierten. Erst 1410 war der Streit beendet, als die inzwischen mit Polen eine Union bildenden Litauer die Deutschen in der Schlacht bei Tannenberg entscheidend schlugen.

Damit war der Weg für den **wirtschaftlichen Aufschwung** endgültig frei, Handel und Handwerk begannen in beiden Städten zu blühen. Die Einwohnerzahlen stiegen, Brücken und Straßen entstanden, genau wie Schulen, Krankenhäuser und Stadtmauern mit großen und kleinen Toren. Ende des 16. Jahrhunderts zählte Vilnius rund 35.000 Einwohner. Chronisten verglichen die Stadt damals gern mit Florenz oder Mailand, was vor allem an der Lebensart lag – und an den prachtvollen **Renaissancebauten**, die überall entstanden.

Mit dem **Unionsvertrag zwischen Polen und Litauen** anno 1569 verlor das Großfürstentum Litauen einen Teil seiner Souveränität. Das Machtvakuum nutzten schließlich **Russen und Schweden,** die Mitte des 17. Jh. mit ihren Truppen immer wieder gewaltsam in Vilnius und Kaunas eindrangen. Zudem setzten **Pest, Überschwemmungen** und **Großbrände** den Städten zu.

1795 wurde Litauen als **Provinz von Russland** einverleibt, Kaunas wurde zur Grenzfestung zwischen Preußen und dem russischen Reich. Der Zar plante neue Straßen und Häuser, wofür er viel Platz brauchte. In Vilnius wurden Obere und Untere Burg samt den Resten des Großfürstenpalastes abgetragen und die Stadtmauern geschliffen. Viele bis dahin katholischen Gotteshäuser wurden geschlossen oder in orthodoxe Kirchen umgewandelt. Klöster mussten ebenfalls die Pforten schließen, ihre Räume übernahm das Militär als Lagerhallen.

Langsam **wuchsen die Städte** weiter. Nach Moskau und Sankt Petersburg war Vilnius die drittgrößte Stadt im russischen Riesenreich. Kaunas profitierte von seiner Rolle als „Scharnier" zum westlichen Europa.

Neue Eisenbahnverbindungen, Telegrafenleitungen und erste Kraftwerke bildeten die Grundlage für den nächsten **Wirtschaftsaufschwung.** Allein in Vilnius verdoppelte sich die Bevölkerung zwischen den Jahren 1885 und 1909. Immer mehr Russen strömten in die Stadt – und Tausende von Juden, deren Gebetshäuser mehr und mehr das Bild bestimmten. Leidtragende der Zarenherrschaft dagegen waren die Polen, die in Scharen auswanderten – vor allem, nachdem die Russen in den Grundschulen die polnische Sprache verboten hatten. Aber auch die Litauer, wie die Polen meist katholisch, waren nicht mehr gut angesehen. Ihre Sprache wurde zum Dialekt erklärt, verlor ihre offizielle Wertschätzung. **Diskriminierungen** waren es, die das litauische Volk zusammenschweißten und die Wurzeln für ein neues nationales Bewusstsein bildeten.

1915 besetzten **deutsche Truppen** Litauen. Die Russen wurden aus Kaunas und Vilnius verdrängt. Den Unabhängigkeitsgeist der Litauer aber konnten auch die neuen Machthaber nicht bremsen, die Litauens Souveränität nur dann anerkennen wollten, wenn das Land sich ökonomisch und militärisch ins Deutsche Reich eingliederte. Da es zu keiner Einigung kam, verkündete am 16. Februar 1918 ein zwanzigköpfiger „Rat der Litauer" die **Unabhängigkeit Litauens.** Heute ist dieser Tag ein nationaler Feiertag.

Die junge litauische Republik aber währte nicht lange. **Polen** erhob territoriale Ansprüche auf die Gebiete um Vilnius und besetzte deshalb 1920 die Metropole. **Neue provisorische Hauptstadt** wurde so **Kaunas,** das sich mit der Verlagerung des Regierungssitzes endgültig zur Großstadt mauserte. Ein Opern- und ein Schauspielhaus entstanden, außerdem die erste litauischsprachige Universität, Museen, ein Zoo und ein botanischer Garten. Prächtige Villen und schmucke Bürgerhäuser spiegelten den neuen Status. Alte Häuser wurden renoviert, die Vorstädte auf der anderen Seite von Neris und Memel durch Brücken an die Stadt angebunden.

1939 machte der **Hitler-Stalin-Pakt** den Weg für eine weitere russische Machtübernahme in Litauen frei. Als **Litauische Sozialistische Sowjetrepublik** wurde das Land in die Sowjetunion eingegliedert. 1941 besetzten die Nationalsozialisten im Rahmen des **Zweiten Weltkrieges** schließlich Litauen im Blitzkrieg. Für Zehntausende von Menschen bedeutete das den Tod, Zwangsarbeit oder Deportation. Tausende von Juden wurden in den Gettos von Vilnius und Kaunas zusammengepfercht, das die Nazis in Kauen umtauften. Im Herbst 1944 eroberte die Rote Armee Litauen zurück und die Litauische Sozialistische Sowjetrepublik wurde wiederhergestellt.

Im Zuge **stalinistischer Massensäuberungen** wurden Zehntausende von Menschen umgesiedelt und viele in sibirische Arbeitslager gesteckt. Russen, Weißrussen und Ukrainer, auch Juden aus der Sowjetunion wurden neu angesiedelt. **Vilnius** war jetzt wieder **Parlamentssitz. Kaunas** machte als neue **Industriemetropole** von sich reden, in der die Sowjets wichtige Rüstungsgüter produzierten, weshalb die Stadt für Touristen so gut wie nicht mehr zugänglich war.

Die **Sehnsucht** der Litauer **nach Freiheit und Unabhängigkeit** wurde von vielen Exillitauern und der katholischen Kirche geschürt, welche die Protestbewegung nach Kräften unterstützten. Mit der Selbstverbrennung des Studenten Romas Kalanta vor dem Theater in Kaunas im Frühjahr 1972 und den anschließenden Straßenunruhen fand die **Widerstandsbewegung** gegen die Sowjets erstmals auch außerhalb Litauens Aufmerksamkeit. Glasnost und Perestroika – Michail Gorbatschows Politik war schließlich ein neuer Hoffnungsschimmer auf dem Weg zu mehr Souveränität. Im Februar 1990 fanden **die ersten freien Wahlen** statt, die diesen Namen auch verdient hatten. Ihr Sieger wurde die **Unabhängigkeitsbewegung Sajūdis** mit dem populären Musikwissenschaftler Vytautas Landsbergis an der Spitze, der später erstes Staatsoberhaupt der

der Staatswirtschaft, die **Einführung einer neuen Währung**, die seit 2002 an den Euro gekoppelt ist, und die **Mitgliedschaften in NATO** und **Europäischer Union**.

Anfang des neuen Jahrtausends gehörte die Wirtschaft Litauens zu der am schnellsten wachsenden Europas, allerdings stürzte die **Wirtschaftskrise** das Land finanziell genauso schnell nach unten, sodass sich Vilnius 2009 als **Kulturhauptstadt Europas** weit weniger glanzvoll präsentieren konnte als geplant. Nur radikale Sparmaßnahmen garantierten das wirtschaftliche Überleben. So wurden die staatlichen Löhne und Renten kräftig gekürzt, das Rentenalter angehoben und die Mehrwertsteuer erhöht. Maßnahmen, die mit einem Anstieg der **Arbeitslosigkeit** einhergingen – und mit einer Flucht in die **Selbstständigkeit**. Noch nie in der jüngeren Geschichte des Landes arbeiteten so viele Menschen auf eigene Rechnung und Verantwortung.

VILNIUS – STADTGESCHICHTE IN ZAHLEN

1323: Offizielles Gründungsjahr der Stadt
1402: Deutsche Ordensritter fallen in Vilnius ein.
1522: Die erste Druckerei wird in Betrieb genommen.
1562: Vilnius erhält eine Postverbindung über Wien nach Venedig.
1610: Ein Großbrand zerstört 5000 Häuser.
1655: Das russische Zarenheer stürmt die Stadt.

unabhängigen Republik werden sollte. Doch Moskau ließ sich nicht nur Zeit, Litauen in die Selbstständigkeit zu entlassen, sondern der Kreml versuchte mit einer **Wirtschaftsblockade**, den Unabhängigkeitsprozess zu stoppen. Im Januar 1991 starteten moskautreue Kräfte mit Unterstützung sowjetischer Soldaten sogar einen Putsch gegen die litauische Regierung. Beim sogenannten **Vilniusser Blutsonntag** starben 14 Menschen, die Parlament und Fernsehturm verteidigt hatten.

Erst Ende August 1991 zogen sich die sowjetischen Truppen großteils aus dem Land zurück und die Einwohner von Vilnius stürzten die riesige Leninfigur auf dem Lukiškių aikšte vom Sockel. Mit der **Unabhängigkeit** kam die weitgehende **Privatisierung**

◀ *Noch heute erinnern Barrikaden vor dem Parlamentsgebäude am Gedimino-Boulevard* ㉕ *an den letzten Unabhängigkeitskampf der Litauer*

1702: Schwedische Truppen besetzen Vilnius.

1760: Vilnius erhält die erste eigene Zeitung.

1795: Vilnius wird Teil des russischen Zarenreiches.

1812: Napoleon besetzt Vilnius.

1834: Die Telegrafenleitung von St. Petersburg über Vilnius nach Warschau wird eröffnet.

1860: Vilnius erhält Anschluss ans Eisenbahnnetz.

1896: 150 Bürger teilen sich die ersten Telefonanschlüsse der Stadt.

1915: Deutsche Truppen besetzen die Stadt.

1944: Die Rote Armee erobert Vilnius.

1957: Die erste Fernsehsendung aus Vilnius wird ausgestrahlt.

1990: Parlamentarische Proklamierung der Unabhängigkeit

2009: Vilnius wird Kulturhauptstadt Europas.

2010: Ex-Staatspräsident Algirdas Brazauskas stirbt.

KAUNAS – STADTGESCHICHTE IN ZAHLEN

1361: Erste Erwähnung der Stadt

1413: Erste Erwähnung der Basilika Peter und Paul

1519: Indienststellung eines Hospitals mit zwölf Krankenbetten

1655: Zar Alexander brennt Kaunas nieder.

1664: Baubeginn des Klosters Pazaislis

1701: Schwedische Truppen erobern die Stadt.

1795: Kaunas wird Teil des russischen Zarenreiches.

1854: Ein Berliner Fotograf macht erste Fotos in Kaunas.

1863: Bau des Bahnhofs

1919: Kaunas wird Litauens provisorische Hauptstadt.

1924: Start des öffentlichen Busverkehrs.

1929: Inbetriebnahme der zentralen Wasserversorgung.

1941: Nationalsozialisten besetzen die Stadt.

1944: Kaunas wird Teil der Sowjetrepublik.

1990: Ende der Sowjetherrschaft

1993: Papst Johannes Paul II. besucht Kaunas.

2011: Kaunas ist Gastgeber der Internationalen Hansetage.

LEBEN IN VILNIUS

Vilnius ist eine stolze Stadt! Das spürt man zum Beispiel an den langen Sommersamstagen, wenn sich die Hochzeitspaare mit ihren Angehörigen und Freunden vor den wichtigsten Sehenswürdigkeiten der Stadt öffentlich den Fotografen stellen. Spätestens dann merkt auch der zufällig vorbeikommende Flaneur, wie sehr die Menschen in Vilnius ihre Stadt ins Herz geschlossen haben. In gut zwei Jahrzehnten ist aus der einstigen Sowjetsiedlung eine unabhängige Landeshauptstadt geworden, vor allem aber auch eine weltstädtische Metropole.

Vilnius ist ein **Schmelztiegel**. Anders als in Kaunas, wo neun von zehn Einwohnern geborene Litauer sind, machen sie in der Landeshauptstadt nur gut die Hälfte der Bevölkerung aus. Der Rest sind Polen, Russen, Juden und Weißrussen, dazu Bürger aus vielen Dutzend anderen Nationen. Menschen aus allen Kontinenten, die in diplomatischen Diensten stehen, als Vertreter großer Weltfirmen in Litauen arbeiten oder die das Leben sonstwie in die größte Stadt des Landes verschlagen hat.

Fröhlichkeit und **Herzlichkeit** sagt man den Litauern nach. Ein Wesen, das sich – früher allerdings mehr als heute – nicht selten hinter einer oberflächlich anmutenden **Zurückhaltung**

versteckt. Wer einen Litauer aber erst einmal als Freund gewonnen hat, wird ihn sein Leben lang behalten – zumindest, wenn er sich um die Freundschaft bemüht.

Auf auswärtige Besucher wirkt **Litauisch**, die heute in der Stadt dominierende Sprache, oft seltsam. Rau wie Bernstein sei sie, heißt es, weit ab von mediterraner Klangfülle. Sprachprobleme gibt es für Besucher trotzdem kaum, denn die jüngeren Litauer sprechen fast alle Englisch, das heute in den Schulen in der Regel erste Fremdsprache ist. Neben Deutsch oder Französisch – Sprachen, die freilich weit weniger genutzt werden. Russisch spielt kaum noch eine Rolle, obwohl es als Fremdsprache in den Schulen angeboten wird.

Waren früher Großfamilien, in denen mehrere Generationen gewöhnlich unter einem Dach lebten, die Regel, hat sich heute auch in Vilnius die **Kleinfamilie** durchgesetzt. „Zwei Kinder sind normal", erklärt eine Stadtführerin, die von **sinkenden Geburtenraten** berichtet. Das liegt vor allem an den **Frauen**, die zu einem Großteil berufstätig sind. Die Beschäftigungsmöglichkeiten in Vilnius kommen dem weiblichen Alltag entgegen, denn ein Großteil der Bewohner arbeitet heute im **Dienstleistungsbereich,** von dem immer mehr Bürohochhäuser und Verwaltungszentren zeugen. Die Industrie fällt nicht mehr so sehr wie früher ins Gewicht.

Die Struktur einer modernen Großstadt spiegelt auch das **Einkommen** wider. So liegen die Gehälter in der Hauptstadt zu einem guten Teil über denen im übrigen Land. Trotzdem sind die Durchschnittseinkommen in Vilnius aber noch weit von denen im westlichen Europa entfernt.

Wie fast alle Staaten hat die weltweite **Wirtschaftskrise** auch das Baltikum hart getroffen. In Vilnius platzten Bauprojekte und vielen Sponsoren ging im Jahr 2009 das Geld aus, sodass man das Programm der **europäischen Kulturhauptstadt** kräftig abspecken musste. Auch der Wiederaufbau der Burg, eines der teuersten Bauprojekte der Nachkriegszeit, verzögerte sich immer wieder und der geplante Bau eines Guggenheim-Museums ist aus Kostengründen ebenfalls in weite Ferne gerückt. Vor allem die Gelder aus Brüssel fließen nicht

021vl Abb.: gs

◄ *Litauen ist ein katholisches Land. Für viele Ältere ist die Kirche noch immer täglicher Ort der inneren Einkehr.*

mehr so wie früher, als Hunderte von Bauarbeitern, Handwerkern und Dienstleistern aus EU-Kassen bezahlt wurden. Kein Wunder, dass viele junge Leute weg wollen, um ihr Geld im Ausland zu verdienen. Das heißt aber nicht, dass die Vilniusser nicht stolz auf ihre Stadt wären. Denn neun von zehn Bürgern, so ergab vor Kurzem eine Umfrage, wollen nirgendwo anders leben als in Vilnius.

Auch wenn Touristen die **Arbeitslosigkeit** in der Hauptstadt weit weniger spüren als auf dem Land, die **Armen** sind auch in Vilnius überall sichtbar. Immer mehr Menschen, manche Statistiker sprechen schon von jedem Fünften, leben am Rande des Existenzminimums. In der Großstadt Vilnius sieht man sie auf der Suche nach Essbarem oder anders verwertbaren Abfällen die Mülleimer durchsuchen. Jedes Stadtviertel kennt diese sogenannten „Sanitäre". Menschen, denen auch ein Tourist begegen kann – ebenso wie den **Bettlern**, die vor fast jeder Kirche dem Besucher ihre Hände entgegenstrecken.

Auffallend ist auch das **kirchliche Leben** in der Stadt. Sonntags sind die meisten Kirchen noch immer voll, die katholischen ebenso wie die orthodoxen. Und die Kirche begleitet die Bürger auch bei den wichtigsten Einschnitten im Leben, liefert mit Taufe und Beerdigung den würdigen Rahmen für Geburt und Tod. Vor allem aber sind die Gotteshäuser Schauplatz großer Hochzeiten, welche in Litauen besonders ausgelassen gefeiert werden. Für jedes zweite Paar aber ist es längst nicht mehr der Bund fürs ganze Leben, werden in Vilnius doch mehr als 50 Prozent aller Ehen wieder geschieden.

Auch die **Arbeitswelt** hat sich seit der Unabhängigkeit dramatisch verändert. Die Marktwirtschaft hat die sozialistische Planwirtschaft abgelöst und heute muss jeder um Arbeit kämpfen. Jobs auf Lebenszeit, wie sie früher üblich waren, gibt es immer weniger. Immer mehr Menschen machen sich deshalb **selbstständig** und überall entstehen neue Start-ups, kleine Einmannbetriebe, die auf eigene Rechnung arbeiten.

Auf der anderen Seite ist mit der unabhängigen Republik Litauen im Dreieck zwischen Skandinavien, Russland und Zentraleuropa ein **neues Zentrum** entstanden. Keine Freihandelszone, aber ein Staat, der seine Gesetzgebung **wirtschaftlichem Wachstum** angepasst hat. Ladenöffnungszeiten rund um die Uhr sind da nur ein Teil davon. Hinzu kommt eine fast perfekte **drahtlose Kommunikationsstruktur.** Kaum eine andere europäische Hauptstadt verfügt über ein so dichtes WLAN-Netz wie die Hauptstadt Litauens.

Vilnius muss sich heute nicht hinter anderen osteuropäischen Metropolen, hinter touristisch überlaufenen Städten wie Prag oder Krakau verstecken, denn stärker als dort darf sich der Besucher in Litauens Hauptstadt als Gast fühlen, nicht nur als zahlungskräftiger Devisenbringer. Zudem stimmt das **Preis-Leistungs-Verhältnis.** Ein Vilnius-Besuch schlägt weit weniger große Löcher in die Reisekasse als ein Urlaub in Mailand oder London, Paris oder Rom. Natürlich kann man, was Museen, Freizeiteinrichtungen und Unterhaltungsangebote angeht, die litauische Metropole nicht mit diesen Städten gleichsetzen. Ihre touristische Infrastruktur aber, gespeist von einer großen **Gastfreundlichkeit,** kann sich auch im Vergleich mit den großen Städtereisezielen sehen lassen.

ROM DES NORDENS – JERUSALEM DES NORDENS

„Rom des Nordens" oder auch „Jerusalem des Nordens" sind zwei Bezeichnungen, mit denen Journalisten Vilnius gern schmücken, denn Gotteshäuser prägen die Silhouette der Stadt. Unübersehbar ragen ihre Türme in den Himmel und ihre Glocken künden vom Glauben. Katholiken, Protestanten, Juden, russisch-orthodoxe Christen und andere religiöse Gemeinschaften existieren hier seit Jahrhunderten nebeneinander und sind auch heute noch ein Beispiel für gelebte Toleranz.

Fast von jedem Standort in Vilnius – so heißt es – kann man drei Kreuze sehen. **Mehr als fünfzig Kirchen** und **Gebetshäuser** zählt die Stadt noch heute. Es gibt große und kleine Bauten, kunsthistorisch wichtige und weniger bedeutende. Die einen sind renoviert, die anderen baufällig und deshalb nicht selten der Öffentlichkeit versperrt, aber auch gotische und barocke Prachtstücke finden sich. Allesamt sind es aber vor allem Häuser, in denen die Menschen noch heute die **Nähe zu Gott** suchen. Hier werden nicht nur Gottesdienste, Taufen und Hochzeiten gefeiert, sondern es wird gebetet und sich besonnen. Fast immer findet sich der Kirchenbesucher in Vilnius andachtsvollen Gläubigen gegenüber. Menschen, die vor Christus- und Heiligenbildern knien – oder vor der Muttergottes, die in Litauen besonders große Verehrung genießt.

Selbst das Heidentum wurde in Vilnius mit „religiöser" Inbrunst zelebriert. Schließlich galt die Stadt noch als ein paganer Ort, als in anderen osteuropäischen Großstädten schon längst Christen den Ton angaben. Doch schon bald verschmolzen die heidnischen Sitten mit westlichem und östlichem Christentum. Damit war der Grundstein für eine **multireligiöse und multikulturelle Metropole** gelegt, in der für Christen ebenso Platz war wie für Muslime, Karäer oder Juden, die alle ihre eigenen Gebetshäuser hatten. Die größten gehörten den christlichen Orden, von deren Wirken bis heute die schönsten Kirchen der Stadt zeugen. So hatten die **Franziskaner** entscheidenden Anteil an der Christianisierung Litauens und auch der erste in Vilnius residierende Bischof, den Papst Urban 1388 zum Oberhirten ernannt hatte, war ein Franziskaner. Auch die **Dominikaner** hatten immer wieder versucht, in der Stadt ein eigenes Kloster zu gründen, konnten dies aber erst relativ spät verwirklichen – 1501 übernahmen sie die Heilig-Geist-Kirche. Und auch die **Karmeliter** brauchten bis Anfang des 16. Jahrhunderts, um in der Stadt Fuß zu fassen.

Eine innige Volksfrömmigkeit, immer wieder und gern als Bauernglaube verspottet, prägte bis zur Reformation das Leben in der Stadt. „Die Städter pflegen seltsame religiöse Bräuche", schrieb der flämische Maler Franz Hogenberg 1576 nach seinem Vilnius-Besuch. „Frömmig lauschen sie den Predigten, beobachten jede Bewegung und Geste des Pfarrers, so wie die Erhebung der Hostie, voller Bewunderung. Sie beten wie Besessene, indem sie sich an die Brust oder ins Gesicht schlagen. Alle, die die Nacht vorher gesündigt hatten, bleiben vor dem Gotteshaus und sehen dem Priester bei der Messe zu (...)."

Die **Reformation** zeigte auch in Vilnius Wirkung. Die Antwort war die

Gegenreformation, die ebenfalls von den Orden forciert wurde, vor allem von den Jesuiten, die 1604 mit dem Bau der **Kasimirkirche** begonnen hatten. Zwei Jahre vorher hatte der Papst Kasimir heiliggesprochen und damit den Grundstein für die bis heute anhaltende Verehrung des Heiligen gelegt (s. S. 53). Die Kasimirkirche war eines der ersten großen barocken Bauwerke außerhalb Italiens, ein Prachtbau, in dem der Patron des Landes seine erste Ruhestätte fand (er wurde noch mehrmals umgebettet). Im Lauf der Jahre entstanden weitere **barocke Kirchen**, die der Stadt den Beinamen „**Rom des Nordens**" einbrachten. Gotteshäuser, die im Schatten des orthodoxen Riesenreiches Russland vom römisch-katholischen Glauben zeugen sollten, aber auch vom Aufschwung der Stadt, von zunehmendem Wohlstand und kultureller Blüte. Das lag auch daran, dass sich ihre weltlichen Regenten **religiöse Toleranz** auf ihre Fahnen geschrieben hatten und verschiedenste Glaubensrichtungen in Vilnius duldeten. So zählten Chronisten Ende des 18. Jh. bei nicht einmal 20.000 Einwohnern 32 katholische Kirchen und 28 Klöster, ein orthodoxes Gotteshaus, sieben protestantische Kirchen, eine evangelisch-reformierte und eine lutherische Kirche sowie drei Synagogen.

Im 17. und 18. Jahrhundert reifte die **jüdische Gemeinschaft** in Vilnius, die Stadt wurde Hort eines weltoffenen Judentums, das jiddische „Vilne" schnell geistiges Oberzentrum der Juden Osteuropas. Auch wenn in Warschau rein zahlenmäßig mehr Juden lebten, wurde Vilnius zum „**Jerusalem des Nordens**" (manche sprechen auch vom „Jerusalem des Ostens"). In der Zeit zwischen den beiden

▲ *Religion und der Kirchgang spielten schon immer eine große Rolle in der Geschichte der Stadt*

O23vl Abb.: gs

Weltkriegen zählte die Stadt mehr als 100 jüdische Gebetshäuser, fast jeder dritte Einwohner war jüdischen Glaubens. Es gab jiddisch-hebräische Zeitungen, ein jüdisches Theater, wissenschaftliche Institute, die Albert Einstein und Sigmund Freud zu ihren Förderern zählten, und rund 160 Vereine, die das jüdische Erbe kulturell pflegten. Auch heute gibt es wieder eine größere jüdische Gemeinschaft in der Stadt, die mit Christen und Orthodoxen, Muslimen, Hindus und anderen Religionen gut zusammenlebt. In der Vielvölkerstadt Vilnius ist die Religion zum **verbindenden Element** geworden. Toleranz heißt ihr gemeinsamer Nenner, Achtung vor dem Andersdenkenden. Eine moralische Haltung, die einst auch die Mitglieder der Unabhängigkeitsbewegung des Landes zusammenschweißte.

Viele Kirchen in Vilnius haben immer wieder ihre **Besitzer gewechselt.** Vor allem im Zarenreich wurden katholische Kirchen zu orthodoxen Gotteshäusern. Unter sowjetischer Besatzung wurden Kirchen und Klöster enteignet und erst in den letzten Jahren wieder ihren alten Besitzern zurückgegeben – und natürlich den Bürgern von Vilnius, die sie heute wieder stolz zum Gebet aufsuchen. Manche Kirchen sind in marodem Zustand und würden ohne öffentliche Hilfe nicht überleben. Mittelalterliche Fresken wie barocke Stuckfiguren warten dringend auf eine fachmännische Restaurierung. Daran sollten Besucher denken, wenn sie die alten Gotteshäuser besichtigen, die in der Regel keinen Eintritt kosten. Für eine kleine Spende oder ein bezahltes Kerzenopfer ist deshalb jede Gemeinde dankbar ...

▲ *Die russisch-orthodoxe Kirche St. Paraskeva* **15** *wird nachts eindrucksvoll in Szene gesetzt*

VILNIUS ENTDECKEN

004vl Abb.: gs

ERLEBENSWERTES IM ZENTRUM

Vilnius ist für Städtereisende ideal, denn alle wichtigen Sehenswürdigkeiten sind per Fuß zu erreichen. Wer es eiliger hat, leiht sich ein Fahrrad und für ganz Fußfaule gibt es Busse und Taxen. Touristisch betrachtet besteht die litauische Metropole aus der historischen Altstadt, der neueren Stadt rechts und links des Gedimino-Boulevards und der modernen Neustadt um den Europaplatz im Norden, die allerdings nur für Einkaufsbummler von Interesse ist – und für die Freunde moderner Hochhausarchitektur.

Die **historische Altstadt** erstreckt sich vom Nerisufer, an das der Burgberg und die Museen im Alten und Neuen Arsenal grenzen, weit Richtung Süden bis zum **Tor der Morgenröte** mit der weltberühmten schwarzen Madonna. Kathedralen- und Rathausplatz sind ihre zentralen Treffpunkte. Sie werden durch die ineinander übergehenden Straßen Pilies und Didžioji gatvė verbunden. Südlich schließt sich die Aušros Vartų gatvė an. Alle drei sind für Citybummler ein Muss! An diesen Straßen liegen katholische **Gotteshäuser** wie Johannes-, Kasimir- und Theresienkirche und Sakralbauten wie die orthodoxe Heilig-Geist-Kirche. Auch das **Alte Rathaus, Hotels** und **Museen, Galerien** und **Souvenirläden** finden sich entlang dieser Altstadtachse.

Aber nicht nur die Hauptstraßen mit ihren Bauten aus der Renaissance- und Barockzeit sind einen Besuch wert. Man sollte auf jeden Fall auch kleine Abstecher in die **Seitengassen** rechts und links machen, z. B. ins **Universitätsviertel** oder in die Maironio gatvė, wo mit der **St. Annen-** und der **Bernhardinerkirche** ein einzigartiges gotisches Ensemble zu finden ist. In der benachbarten **St. Michaelskirche** hat das Museum für kirchliches Kulturerbe seine Zelte aufgeschlagen, einer der schönsten Museumstempel der Stadt.

Länger als fünf Minuten ist man in der Altstadt kaum von der einen zur anderen Sehenswürdigkeit unterwegs. Etwas abseits im Nordosten liegt die **Kirche St. Peter und Paul**, die vielleicht schönste Barockkirche der Stadt. Nur einen Katzensprung dagegen ist es in das **Szeneviertel Užupis**, das sich jenseits des Flusses Vilnia östlich an die Altstadt anschließt und über Brücken zu erreichen ist. Dabei handelt es sich um ein neues In-Quartier, in

VILNIUS ODER WILNA?

*Ihrer abwechslungsreichen Geschichte hat die Stadt verschiedene Namen zu verdanken. Ältere Deutsche, Österreicher und Schweizer kennen Litauens Hauptstadt oft noch als **Wilna**, der Eindeutschung des russischen Stadtnamens Wilnjus, wie sie zu Sowjetzeiten hieß. Polen nennen die Stadt heute **Wilno**, Weißrussen sagen **Wiljna** und Juden **Wilne**.*

*Die Litauer nennen ihre Stadt heute **Vilnius**. Seinen Ursprung hat dieser Name, der in der frühen Neuzeit erstmals belegt ist, vermutlich in dem kleinen Flüsschen Vilnia, das zu Füßen des Burgberges in die Neris mündet.*

◀ *Vorseite: Das sogenannte „Gotische Ensemble" (s. S. 59) gehört zu den touristischen Höhepunkten jeder Stadtbesichtigung*

dem früher Rauschgift und Rotlicht zu Hause waren. Westwärts führt der **Gedimino-Boulevard** aus der Altstadt heraus. Eine Prachtallee, die von der Kathedrale schnurstracks zum **Parlament** führt – vorbei an vielen Geschäften, Theatern und dem Museum der Genozidopfer. Dem Vilnius der Zukunft mit seinen Wolkenkratzern und Einkaufszentren begegnet der Besucher schließlich in der **modernen Neustadt** nördlich der Neris, wo die bauliche Entwicklung noch lange nicht abgeschlossen ist.

❶ KATHEDRALENPLATZ (KATEDROS AIKŠTE) ★ ★ ★ [L8]

Der Kathedralenplatz ist das **Herz der litauischen Hauptstadt**, Treffpunkt der Bürger, Aufmarschplatz für Demonstranten und Unabhängigkeitskämpfer und Plattform für Konzerte und Kundgebungen. Auf halbem Weg zwischen Kathedrale und Glockenturm erinnert eine **Bodenplatte** heute daran, dass hier im August 1989 eine rund 600 km lange **Menschenkette quer durch das Baltikum** ihren Anfang nahm. Es war damals das stärkste Signal für den Freiheitswillen der Länder Litauen, Estland und Lettland und führte bald darauf zur Unabhängigkeit der baltischen Staaten und zum Ende der Sowjetherrschaft. „Stebuklas", am besten mit „Wunder" übersetzt, besagt die Inschrift auf der Platte. Auf baltische Besucher des weiten Platzes wirkt sie wie ein Magnet, denn wer sich auf sie stellt und

einmal im Uhrzeigersinn um die eigene Achse dreht, so der Volksglaube, dessen Wünsche sollen angeblich in Erfüllung gehen.

Nicht zu übersehen ist der große **Glockenturm** vor der Kathedrale. Leicht schief steht er, so als habe das Alter ihn gebeugt. Rechnet man das Kreuz mit seiner vergoldeten Kugel auf der Spitze mit, ragt er 57 m hoch in den Himmel. Lage und Bauweise des Turmes geben Anlass zur Vermutung, dass er einst zur alten Stadtbefestigung gehörte. Seine Uhr ist ein zuverlässiger Zeitmesser, deren Zifferblätter allerdings keinen Minutenzeiger haben. Jede Viertelstunde läuten deshalb die Glocken. Die jüngsten stammen vom Kölner Kardinal Meisner, der Vilnius anno 2002 zu den alten Glocken sechs neue schenkte.

Ragt hoch in den Himmel: der Turm vor der Kathedrale ❷

GEDIMINAS UND DER EISERNE WOLF

024vl Abb: gs

„König der Litauer und vieler Russen" nannte sich der Ende des 13. Jahrhunderts geborene **Großfürst Gediminas.** Mit seiner weitsichtigen Heirats- und Bündnispolitik mehrte er **Macht und Ansehen Litauens.** Eines Tages, so die **Legende,** sei er von seinem Herrschaftssitz in Trakai aus auf die Jagd gegangen und nach der Erlegung eines Auerochsen im Tal zu Füßen des heutigen Burgberges eingeschlafen. **Im Traum** sei ihm dann ein **riesiger Wolf** erschienen, den er mit Pfeilen erlegen wollte. Vergeblich, steckte das Raubtier doch in einem eisernen Panzer. In seinem Inneren, so der Volksmund, hätten hundert andere Wölfe geheult. Für einen um Rat gefragten heidnischen Seher waren die Träume jedenfalls die versteckte Botschaft, zu Füßen des heutigen Burgberges **eine Stadt zu gründen** und eine **Burg zu bauen,** die so unbezwingbar sein würde wie der eiserne Wolf. Das Geheul der Wölfe, erklärte der Seher, sei ein Symbol für den künftigen Ruhm der Stadt.

Historisch betrachtet fiel die Stadtgründung freilich viel nüchterner aus: Gediminas verlegte vermutlich aus militärstrategischen Gründen seinen Amtssitz von Trakai nach Vilnius.

▲ *Gedenkfeier vor dem Gediminas-Denkmal auf dem Kathedralenplatz*

Der Kathedralenplatz gilt als **Keimzelle der Stadt** und als besonders geschichtsträchtiger Ort. Schon in vorchristlicher Zeit soll sich hier eine religiöse Kultstätte befunden haben. Später errichtete man auf diesem Territorium auch die Untere Burg, die Residenz der litauischen Großfürsten, die man in den letzten Jahren wieder aufgebaut hat.

Ein weiterer Blickfang auf dem großen und weiten Platz ist die **Reiterstatue des Großfürsten Gediminas,** der als Gründer der Stadt Vilnius gilt.

Reliefs zu Füßen des meterhohen Sockels zeigen weitere litauische Großfürsten – und den „Eisernen Wolf", eine Sagengestalt, die meist in Zusammenhang mit der Stadtgründung genannt wird.

② KATHEDRALE ★ ★ ★ [L8]

Die den Heiligen Stanislaus und Ladislaus geweihte Kathedrale ist das wichtigste katholische Gotteshaus Litauens und Mutterkirche des Erzbistums Vilnius. Ihre gegenwärtige neoklassizistische Form täuscht über ihr Alter hinweg, aber auch wenn ihre Anfänge historisch umstritten sind, gehört die Kathedrale zu den ältesten Kirchen des Landes.

Anno 1251, wollen viele Fremdenführer wissen, hätte **König Mindaugas** anlässlich seines Übertritts zum Christentum an der Stelle eines heidnischen Kultplatzes eine erste Holzkirche errichten lassen. Sicher ist, dass **Großfürst Jogaila** (oft auch Jagiello genannt) Ende des 14. Jahrhunderts anlässlich seiner Taufe, die ihm die polnische Königskrone sichern sollte, hier eine erste gotische Steinkirche baute. Im Lauf der Jahrhunderte wurde das Gotteshaus immer wieder zerstört, in wechselnden Baustilen aber auch immer wieder erneuert.

Ihr heutiges Gesicht verdankt die Kathedrale einem litauischen Architekten. Ende des 18. Jahrhunderts war er mit der Renovierung der lange Jahre geschlossenen Kirche betreut worden und schwärmte für den damals modischen **Klassizismus**. Vom Vorgängerbau übernahm er nur den Grundriss, den gotischen Innenraum und ein paar frühbarocke Kapellen wie die des heiligen Kasimir. „Die Kirche", notierte der Schriftsteller

Alfred Döblin deshalb vor knapp hundert Jahren nach einem Vilniusbesuch, „sieht aus wie ein griechischer Tempel oder ein polnisches Stadttheater."

Zwanzig Meter hoch sind die sechs dorischen Säulen der Hauptfassade, die den **Portikus** tragen, die vorgebaute Säulenhalle. In der dahinterliegenden Nischen stehen die vier Evangelisten, Abraham und Moses als große **Barockfiguren.** Das **Giebelrelief** zeigt die Familie Noahs beim Dankopfer für die Rettung aus der Sintflut. Lediglich Kopien der von den Sowjets entfernten Originale sind die drei großen **Figuren auf dem Dach**, die Statuen der Heiligen Stanislaus, Helena und Kasimir. Sie stehen stellvertretend für die Länder Polen, Russland und Litauen.

Lange Jahre diente die Kirche den in Vilnius lebenden Polen als Gotteshaus. In den 1920er-Jahren wurde sie schließlich Sitz des Erzbischofs von Vilnius. **Nach dem Zweiten Weltkrieg** schlossen die Sowjets das Gotteshaus und begannen mit dem Umbau der Kirche zu einer **Gemäldegalerie**, die 1956 ihre Pforten öffnete. Erst nach Abzug der Russen gab der nun unabhängige Staat das Gotteshaus 1989 an die **katholische Kirche** zurück, die es seitdem wieder für Gottesdienste nutzt.

Einen Besuch wert ist auf alle Fälle das Innere der Kathedrale. Hier fällt der **Hauptaltar** mit seinem von schwarzen Marmorsäulen getragenen Fries sofort ins Auge. Das Bild über dem Altar zeigt den **Märtyrertod des heiligen Stanislaus,** der heute zu den polnischen Nationalheiligen gehört. Der einstige Bischof von Krakau hatte den damaligen polnischen König wegen dessen Untreue gegenüber seiner Ehefrau und wegen seines ausschweifenden Lebens gerügt, weshalb ihn der Herrscher anno 1079 während eines Gottesdienstes mit dem Schwert erschlagen ließ. Einige Überlieferungen berichten sogar, der König selbst hätte das Schwert geführt, weil seine Ritter sich geweigert hatten.

Beachtenswert sind auch die vielen kleinen **Kapellen in den Seitenschiffen** mit ihren meist aus dem 18. Jahrhundert stammenden Gemälden. Auf der Südseite zeigen sie Bilder aus dem Alten, auf der Nordseite Bilder aus dem Neuen Testament.

Prunkstück der Kathedrale und am meisten besucht ist die **Kasimirkapelle.** Bau und Ausstattung stammen von italienischen Architekten, Bildhauern und Freskenmalern, welche in der zweiten Hälfte des 17. Jahrhunderts die von den Russen zuvor verwüstete Grabstätte des heiligen Kasimir neu schmückten. Heute krönt die Kapelle eine mit rotem und schwarzem Marmor ausgekleidete Kuppel aus schwedischem Sandstein. In den Nischen stehen versilberte Herrscherfiguren. Große bunte Fresken an den Wänden erzählen aus dem Leben des Heiligen und geben Kunde von Wundern wie der Öffnung seines Sarges, in dem Kasimirs Körper auch nach mehr als hundert Jahren nicht verwest war. Heute liegt sein Leichnam in einem Silbersarg. Den Altar der Kapelle ziert ein mit Silber ausgeschlagenes Bild des Heiligen aus dem 16. Jahrhundert. Es zeigt Kasimir mit gleich **drei Händen.** Der Legende nach kam die dritte Hand bei der Restauration des Bildes Ende des 17. Jahrhunderts trotz mehrmaligen Übermalens immer wieder unter der Farbe zum Vorschein, sodass der Restaurator damals überzeugt war, es mit einem Wunder zu

O26vi Abb.: gs

tun zu haben – und deshalb die dritte Hand an ihrer Stelle ließ. So hat Kasimir auf diesem Gnadenbild zwei rechte Hände, die man auch als Hinweis auf seine Großherzigkeit und Gerechtigkeit deuten kann.

Beachtung verdient auch die **Valavicius-Kapelle** – früher auch als Königskapelle bekannt – nördlich des Kathedraleneingangs. In ihr waren anfangs die sterblichen Überreste Kasimirs untergebracht. Die Fresken an der Decke zeigen Stationen aus dem Marienleben: Verkündigung, Heimsuchung, Himmelfahrt und Krönung. Einen Namen machte sich die Kapelle auch durch die heimliche Eheschließung zwischen dem polnischen König Sigismund II. August und Barbara von Radziwill. Die beiden bildeten eines der schillerndsten Liebespaare der europäischen Geschichte.

▲ *Prunkstück der Kasimirkapelle: das mit Silber ausgeschlagene Gnadenbild des Heiligen*

Künstlerisch beeindruckend ist auch das Bild der sogenannten „Sapiega Muttergottes" in der **Goštautas-Kapelle**, das während der Sowjetzeit eingewickelt auf dem Dachboden des Doms lag. Es zeigt Maria mit dem heiligen Bernhard und dem heiligen Franziskus und wurde im 16. Jahrhundert auf eine Holzplatte gemalt. Auch dieses Bild gilt als wundertätig, was die vielen Menschen erklärt, die noch heute täglich vor ihm beten.

Neben dem Eingang zur Kasimirkapelle befindet sich der Eingang zum unterirdischen **Mausoleum** mit den Überresten litauischer Großfürsten, polnischer Könige und anderer Herrscher. Allerdings sind die unterirdischen Räume aus dem Mittelalter nur in vorher gebuchten Führungen zugänglich. Diese Rundgänge führen auch in die erst 1985 bei Grabungen freigelegte **Krypta** mit einmaligen Fresken – unter anderem mit einer Kreuzigungsdarstellung aus dem späten 14. Jahrhundert, der vermutlich ältesten Wandmalerei Litauens. Versteckt in der Wand wurde damals übrigens auch ein **einmaliger Schatz** entdeckt, dessen Fund man aber aus Angst vor den Sowjets erst im Juli 1998 öffentlich bekannt machte. Die

KASIMIR – LITAUENS NATIONALHEILIGER

*Von der Gottesmutter einmal abgesehen genießt in Litauen kein Heiliger größere Verehrung als **Kasimir**. Er war der dritte Sohn des polnischen Königs Kasimir IV. und seiner Gattin Elisabeth und kam 1458 zur Welt. Am königlichen Hof galt der junge Prinz schon früh als **überdurchschnittlich intelligent**, gleichzeitig aber auch als **bescheiden** und **barmherzig**.*

*Bereits als 13-Jähriger hatte ihn sein Vater nach **Ungarn** geschickt, um dort zu regieren. Ein Vorhaben, das scheiterte. Wie es heißt, sei Kasimir froh über sein Scheitern gewesen, da er mehr Interesse an **Gebet** und **Kontemplation** hatte als an herrschaftlicher Repräsentation. Trotzdem baute ihn sein Vater in der Folgezeit zu seinem Nachfolger als polnischer König auf. Ende des 15. Jahrhunderts vertrat Kasimir seinen Vater zwei Jahre lang in **Krakau**, wo er durch seinen einfachen und unaufgeregten Regierungsstil schnell die Sympathien der Menschen fand. Des Vaters Wunsch, die Tochter des Habs-*

*burger Kaisers Friedrich III. zu heiraten und so die Macht weiter auszudehnen, lehnte der junge Mann aber ab. Vorher hatte er in einem Gelübde **ewige Keuschheit** geschworen.*

*Am 4. März 1484 starb Kasimir **im Alter von nur 25 Jahren** im heute weißrussischen Hrodna vermutlich an Tuberkulose. Gut 30 Jahre nach seinem Tod leitete Papst Leo X. seine **Heiligsprechung** ein, die offiziell aber erst 1602 bestätigt wurde. Schon vorher waren die Litauer in Scharen zum Grab des Heiligen in der Kathedrale gepilgert, wo man ihm zu Ehren schließlich eine eigene **Kapelle** baute, die heute seinen Namen trägt. Nach Schließung der Kathedrale durch die Sowjets wurde der Sarg in die St. Peter- und Paul-Kirche überführt. Im Jahr 1989 kehrte er aber wieder auf seinen angestammten Platz in der Kathedrale zurück. Sein Todestag, der 4. März, ist heute ein **Gedenktag**, der in Vilnius mit einem Kunsthandwerkermarkt besonders groß gefeiert wird.*

damals entdeckten religiösen Gegenstände im Schätzwert von mehr als zehn Millionen Euro, darunter wertvolle Monstranzen und Kreuze, sind heute im Museum für kirchliches Kulturerbe in der Michaelskirche ❽ zu bestaunen. Vermutlich hatten sie Bürger der Stadt anno 1655 kurz vor dem Einmarsch der Russen in die Wände der Kathedrale eingemauert.

❯ **Arkikatedra bazilika,** Katedros a. 1, Tel. 5 2611127, www.katedra.lt, Mo.–Sa. 7.30–20 Uhr, Gottesdienste: Mo.–Fr. um 8, 17.30 und 18.30 Uhr in der Kasimirkapelle, 17.30 Uhr am Hauptaltar. Sonntagsmessen um 8, 9, 10, 11.15 (für Kinder), 12.30, 17.30 und 18.30 Uhr.

❸ UNTERE BURG, GROSS-FÜRSTENPALAST ★ ★ ★ [L8]

Seit Kurzem erstrahlt die großfürstliche Residenz wieder in alter Pracht, neu aufgebaut in Erinnerung an die glanzvollsten Zeiten litauischer Geschichte. An dieser Stelle residierten einst die Großfürsten des Landes und man schrieb Kultur besonders groß. Hier fanden die ersten Theater- und Opernaufführungen in Vilnius statt, außerdem gehörten eine Bildergalerie und eine Bibliothek, die später als Basis der Universitätsbibliothek diente, zum ehemaligen Herrscherpalast.

Wahrscheinlich war es der **Jagiellonen-König Alexander Jogailaitis,** der den Herrschersitz der litauischen Großfürsten von der Oberen in die Untere Burg verlegte und einen Palast im spätgotischen Stil errichten ließ, der den Ansprüchen großfürstlicher Repräsentation genügte. Sigismund der Alte, sein Nachfolger, ließ ihn in Renaissancestil aufstocken. Unter Aufsicht italienischer Stardesigner baute Sigismunds Sohn den Palast schließlich noch weiter aus und auch die nachfolgenden Herrscher des litauisch-polnischen Doppelreiches aus dem schwedischen Königsgeschlecht Wasa schenkten der Residenz in Vilnius ihr besonderes Augenmerk.

Nach dem großen **Stadtbrand von 1610** wurde der Palast im Stil des nordeuropäischen Manierismus erneuert. Nur wenig später erfolgte der Umbau in eine Prachtresidenz italienischen Frühbarocks. Es war die **Blütezeit** des Palastes und Kulisse für große, internationale Diplomatie. Politische Gesandte aus allen Teilen Europas und Vertreter des Papstes gaben sich in Vilnius die Klinke in die Hand. Im Palast wurden Amtsträger vereidigt, Sitzungen des Staatsrats und des Adelsparlamentes fanden statt, ja sogar Gerichtsverhandlungen. In ganz Europa war der prunkvoll eingerichtete Palast mit seinem großen Park als eines der wichtigsten Kultur- und Kunstzentren der Renaissance und des Frühbarocks bekannt. Hier wurden die **ersten Opern** aufgeführt – früher als in London oder Paris – und hier wurde **große Politik** gemacht. Im 17. Jahrhundert aber wurde der Palast **zerstört** und zu Beginn des 19. Jh. schließlich **abgerissen.**

Nach der Unabhängigkeit Litauens wuchs freilich der Wunsch nach seinem **Wiederaufbau.** Zur Tausendjahrfeier Litauens 2009 entstand so der alte Palast in neuem Glanz. Allerdings ist sein Innenausbau noch immer nicht ganz abgeschlossen. Schon

▶ *Der Gediminas-Turm auf dem Burgberg. Hier wehte 1919 erstmals die litauische Flagge.*

Rast mit Kathedralenblick

Das Bistro-Restaurant **Zoe's Bar & Grill** (s. S. 25) schräg gegenüber der Kathedrale lockt im Sommer mit großer Außenterrasse. Die Speisekarten, gestaltet wie alte Plattencover samt eingetüteter Langspielplatten, stellen den Gast vor die Qual der Wahl. Wer will, kann den Köchen bei der Zubereitung seines Mahles in der offenen Küche über die Schultern schauen und z. B. sehen wie ein Hering mit Eiern, Kartoffeln, Käse, Zwiebel, Dill und brauner Butter umgarnt wird. Wer keinen Hunger hat: Auch die Cocktails verleiten hier zum Zwischenstopp!

bald aber soll der neue Palast als **Museum** fungieren. Das Litauische Nationalmuseum wird hier Überreste der alten Burg zeigen, archäologische Funde aus der Frühzeit der Stadt. Daneben soll es Dauer- und Wechselausstellungen zur Geschichte und Kultur Litauens geben. Vor allem aber ist der Palast als Ort für Staatsempfänge und andere repräsentative Veranstaltungen gedacht.

› **Žemutinės pilies, Lietuvos valdovų rūmai,** Katedros a. 4, Tel. 5 2127476, www.valdovurumai.lt

❹ OBERE BURG, GEDIMINAS-TURM (GEDIMINO PILIES BOKŠTAS) ★ ★ [L8]

Bei gutem Wetter unverzichtbar ist ein Besuch auf dem Gediminas-Berg, dem wahrscheinlich schönsten Burgberg des Landes. Von der Panoramaplattform des dortigen Turmes bietet sich ein einmaliger Rundblick. Richtung Süden reicht er über die ganze Altstadt, Richtung Nordwesten bis zur Neris und der Neustadt mit ihren Hochhäusern, welche den neuen Wohlstand signalisieren. Richtung Westen schaut man auf den neuen Großfürstenpalast und die Kathedrale.

027vl Abb.: gs

Der **Gediminas-Turm**, über dem 1919 erstmals die Unabhängigkeit signalisierende litauische Flagge wehte, ist das Wahrzeichen der Stadt. Kein Wunder, dass fast alle Besatzer hier ebenfalls ihre Fahnen hissten: 1920 die Polen, 1940 die Russen, 1941 die Nationalsozialisten – und 1944 die Rote Armee. 1988 aber – noch vor Ende der Sowjetherrschaft – zogen die Litauer wieder ihr eigenes Banner auf.

Ausgrabungen belegen, dass rund um den Hügel schon vor Anfang unserer Zeitrechnung Menschen siedelten. Damals war er – wie Modelle im Burgturm zeigen – noch an drei Seiten von Flüssen umgeben. Greifbarer wird die Geschichte der Oberen Burg mit **Großfürst Gediminas**, der im 14. Jahrhundert hier eine vermutlich hölzerne Burg errichten ließ. Nach einem Brand von 1419 wurde sie schließlich durch eine **Backsteinburg** mit mächtiger **Wehrmauer** und **Schutztürmen** ersetzt. Im Ostteil befand sich der damalige mehrstöckige **Großfürstenpalast** mit seinen Repräsentationssälen. Und auch eine dem heiligen Martin geweihte **Kapelle** gehörte zu dem Gebäudekomplex.

Mitte des 15. Jh. verlor die Burg ihre Funktion als Wehranlage, wurde aber als **Arsenal** weitergenutzt und ab 1610 auch als **Staatsgefängnis**. Im Krieg mit dem Zaren Mitte des 17. Jahrhunderts wurde die Burg schließlich **zerstört** und dann nicht wieder aufgebaut. Nur der achteckige **Westturm**, der sogenannte Gediminas-Turm, blieb erhalten. 1838 setzte man ihm einen hölzernen Aufbau auf, einen optischen Telegrafen für die Nachrichtenübermittlung. In den 1930er-Jahren wurde der Turm erstmals großzügig restauriert. In den 1950er-Jahren wurde er Sitz eines kleinen Museums. Heute informiert eine **Ausstellung** im Turm über die Geschichte der Stadt und ihrer Burg. Eine hölzerne Wendeltreppe führt hoch auf die **Aussichtsplattform**. Groß gewachsene Zeitgenossen sollten beim Weg nach oben wegen der niedrigen Decke auf den letzten Stufen den Kopf einziehen!

Zur Burg selbst führt ein wenig anstrengender, schattiger **Spazierweg**. Wem der Fußmarsch zu beschwerlich ist, der kann von der Flussseite her auch mit einer **Standseilbahn** den Höhenunterschied von rund 50 m bewältigen. Sie fährt täglich außer montags zwischen 10 und 19 Uhr (Fahrpreis hin und zurück 3 Lt). Die Talstation liegt etwas versteckt in einem Hof des Litauischen Nationalmuseums **❺**.

❭ **Museum im Gediminas-Turm,** Arsenalo g. 5, Tel. 5 2629426, Mai–Sept. tgl. 10–19, Okt.–April Di.–So. 10–17 Uhr, www.lnm.lt, 5 Lt

❺ LITAUISCHES NATIONALMUSEUM ★★ **[L7]**

In zwei alten Palästen zu Füßen des Burgberges finden sich einige der bedeutendsten Museen des Landes. Das gewichtigste ist das Litauische Nationalmuseum. Es wurde 1855 gegründet und gilt als ältestes Museum im Land. Im Neuen Arsenal zeigt es wichtige Dokumente zur Geschichte des Landes und zum Alltag in Litauen, im Alten Arsenal archäologische Zeugnisse aus der Frühgeschichte. Im Westflügel des Alten Arsenals findet sich zudem ein Ableger des Kunstmuseums Litauen, das Museum für Angewandte Kunst (s. S. 32).

Fast eine Million **Exponate zur litauischen Geschichte** lagern im **Neuen Arsenal**, einem Prachtbau mit gotischen Kellern und klassischer

▍LITAUENS ERSTER GROSSER HERRSCHER

Vor dem Nationalmuseum ❺ *thront unübersehbar der erste große Herrscher des Landes, der litauische **Großfürst Mindaugas**. Zepter und Reichsapfel trägt er zum Zeichen seiner königlichen Macht. Das Granitdenkmal wurde am 6. Juli 2003 zum 750. Jahrestag seiner Krönung enthüllt. Der Sockel ist von einem **Sonnenkalender** umrahmt, der auf wichtige Feste hinweist.*

*Für die Litauer ist Mindaugas auch heute noch ein **Volksheld**. Manche wollen in ihm den Bauherren der ersten Kirche in Vilnius sehen, deren romanische Reste im Keller der Kathedrale ❷ noch heute gern gezeigt werden. Mindaugas wurde um 1203 geboren und regierte vermutlich ab 1238 als Großfürst, nachdem er fünf Fürstentümer Litauens zu einem Staatswesen vereinigt hatte. 1251 hatte er sich **taufen lassen**, was ihm der Papst zwei Jahre später mit der Verleihung der*

Königskrone dankte. Aus militärstrategischen Überlegungen soll Mindaugas aber wieder zum Heidentum zurückgekehrt sein. Das behaupteten jedenfalls die Ritter des Deutschen Ordens, die das Reich des Großfürsten und Königs immer wieder attackierten und zu seinen größten Widersachern gehörten.

*Im Herbst 1263 wurde Mindaugas von seinem **Schwager** Daumantas und seinem heidnischen **Neffen** Treniota **ermordet**. In ihren Augen hatte sich Mindaugas durch den Übertritt zum Christentum als Kämpfer für das damals meist bäuerliche und nicht christliche Volk unglaubwürdig gemacht. Auch wenn vieles in seinem Leben historisch umstritten ist, die Litauer verehren ihn auch heute noch überschwänglich. Sein **Krönungstag**, der 6. Juli, gilt heute als offizieller Feiertag im Land.*

Fassade. Die schönsten und wichtigsten werden öffentlich präsentiert: alte Münzen und Uhren, Landkarten, Stammbücher, Ölgemälde, Ikonen, Musikinstrumente, Uniformen und Dokumente. Zu sehen sind auch Prunkschlitten aus dem 19. Jahrhundert, russische Intarsienarbeiten, Kanonenkugeln und riesige Türschlösser sowie Schatztruhen, in denen die Handwerksgilden einst ihre Insignien aufbewahrten. Ein Stockwerk höher ist das **Alltagsleben** in Litauen dokumentiert und es finden sich alte Trachten, vom Handschuh bis zur Socke. Wohnstuben aus dem 17. bis 19. Jh. geben ebenso wie Holzbestecke oder handgemachte Tischdecken Einblicke in die Volkskultur.

Heiligenfiguren und Kreuze aus Metall, Holz und anderen Materialien zeugen von der Frömmigkeit der Balten.

Im **Alten Arsenal** daneben, ebenfalls im gotischen Stil erbaut und im klassischen Stil des 17. Jahrhunderts restauriert, findet sich heute die **archäologische Abteilung** des Nationalmuseums. Waffen und Werkzeug aus der Altsteinzeit zeugen von den ersten Menschen in der Region, die schon bald mit Netzen auf Fischfang gingen und langsam die Kultur der Jäger und Sammler verfeinerten. In der Bronzezeit entstanden die ersten Minisiedlungen. Wie deren Bewohner gekleidet waren, rekonstruierten die Archäologen aus Gräberfunden.

So tragen Schaufensterpuppen mit meist langen Haaren heute die nachgeschneiderte Kleidung von damals. Mode aus der Zeit vor Christus!

› **Lietuvos nacionalinis muziejus**, Arsenalo g. 1, Tel. 5 2629426, www.lnm.lt. Mai– Sept. Di.–Sa. 10–17, So. 10–15 Uhr, Okt.–April Mi.–So. 10–17 Uhr, 5 Lt

❻ ST. PETER- UND PAUL-KIRCHE ★ ★ ★ [N6]

Mit seinen rund zweitausend Stuckfiguren im Inneren gilt die den beiden Aposteln Petrus und Paulus geweihte katholische Kirche als das populärste Baudenkmal der Barockzeit in Vilnius. Ein architektonisches Meisterwerk, das Dank seiner Lage am Rand der Altstadt von Bränden, Krieg und Zerstörung über Jahrhunderte weitgehend verschont blieb. Heute ist die renovierte Kirche eines der wichtigsten touristischen Ziele.

028vl Abb.: gs

In vorchristlicher Zeit soll sich hier ein Heiligtum der baltischen Liebesgöttin Milda befunden haben, später errichteten Missionare am heidnischen Ort eine Holzkirche, die Mitte des 17. Jh. zerstört wurde. Schon bald danach aber erstand aus den Trümmern das neue Gotteshaus, eine **dreischiffige Kirche** nach dem Muster eines lateinischen Kreuzes mit zwei schlichten Türmen und einer Kuppel.

1675 feierte man ihr Richtfest, aber erst im nächsten Jahrhundert wurde die Kirche bezugsfertig. Angesichts der Fülle und Pracht, in der sie sich heute dem Besucher zeigt, kann man das verstehen: Reichhaltiger ist keine andere **Barockkirche** des Landes ausgestattet. **Hunderte von Stuckfiguren** wurden überall in der Kirche verteilt, alle im Blickfeld von **Gottvater**, dessen Antlitz aus der Kuppel schaut. Biblische, mythische und allegorische Gestalten haben so in der Kirche Platz gefunden, aber auch Gesandte verschiedenster Völker und Berufe. Arm befindet sich neben Reich, Teufel neben Engel, der Tod neben dem Leben. Figuren, an denen man sich kaum sattsehen kann, geschaffen von den beiden italienischen Bildhauern G. P. Perti und G. M. Galli, die ihrer **künstlerischen Lebenslust** freien Lauf ließen. Dämonen grinsen so aus der Taufkapelle, andere Figuren verkörpern Tugenden und Laster und kaum ein populärer Heiliger, der hier nicht Gestalt gefunden hätte.

Der weithin sichtbare **Lüster in Form eines Schiffes** wurde erst vor gut einhundert Jahren geschaffen. Am Altar am linken Ende des Querschiffes findet sich das Bild der „Gnadenreichen Jungfrau Maria", auf dem die Muttergottes die Blitze des Gotteszornes zerbricht. Es ist ein **Gnadenbild,** das ein Bischof einst aus Rom mitbrachte. Am Übergang vom Querschiff zum Chor steht ein weiterer Altar mit einem weiteren Gnadenbild. Dabei handelt es sich um eine hölzerne, vermutlich um das Jahr 1700 in Rom entstandene und im Volksglauben als wundertätig geltende **Ecce-Homo-Figur** mit einer Echthaarperücke, die „Jesus von Antakalnis" genannt wird. Im Stadtteil Antakalnis stand einst das Trinitarierkloster, das der erste Standort der Figur war. 1864 wurde sie nach Schließung des Klosters in der Kirche St. Peter und Paul aufgestellt. Plastische und gemalte Kopien des „Jesus von Antakalnis" finden sich in ganz Litauen.

› Šv. Apaštalų Petro ir Pauliaus bažnyčia, Antakalnio g. 1, Tel. 5 2340229, Gottesdienste: Mo.–Sa. 7, 7.30, 17, 18, So. 7.30, 8.30, 10, 11.30, 13 und 18 Uhr

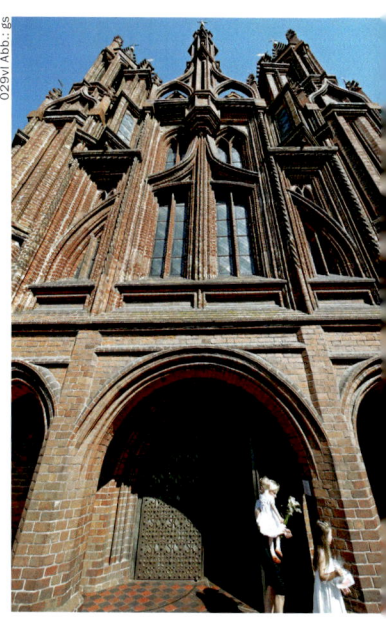

❼ ST. ANNENKIRCHE UND BERNHARDINER-KIRCHE ★★★ [M8]

Manchen Betrachter erinnert die Kombination der beiden Gotteshäuser an ein ungleiches Ehepaar. Klein und zierlich kommt Sankt Annen daher, alt und wuchtig Sankt Bernhard. Zusammen aber bilden sie eines der schönsten Kirchenensembles Europas, das sogenannte „Gotische Ensemble".

Die jünger erscheinende Kirche **St. Annen** ist erstaunlicherweise die ältere. Sie ist der Mutter Mariens geweiht und ein architektonisches Juwel aus Ziegelstein. Mehr als dreißig verschiedene Sorten schachtelten die Baumeister hier zu einem gotischen Gesamtkunstwerk, einem Bau mit spitzen Fenstern, Türmchen und Fialen, zusammen. Die Baugeschichte der St. Annenkirche gibt bis heute Rätsel auf. Fest steht nur, dass sie in ihrer jetzigen Form zwischen 1495 und 1500 an Stelle eines Vorgängerbaus errichtet wurde. Da man ihren Baumeister nicht genau kennt, blühen die **Legenden.** Eine erzählt von zwei Männern, einem einheimischen Meister und einem weit gereisten Gesellen. Der Meister habe den schmucklosen Unterbau gefertigt, sein Schüler den Bau dann weltmännisch vollendet. Als beide zum Schluss hoch oben auf einem Türmchen standen, hätte der Neid den Meister gepackt, der

▲ *Die St. Annenkirche, ein gotisches Juwel, ist der Mutter Mariens geweiht*

◀ *Die Kirche St. Peter und Paul beherbergt eine als wundertätig geltende Ecce-Homo-Figur*

seinen Schüler daraufhin in den Tod hinabstürzte. Die Wissenschaft sieht den Bau etwas nüchterner: Lange Zeit hielt man einen Danziger Baumeister für ihren Erbauer, inzwischen gilt der böhmische Stararchitekt **Benedikt Ried,** der auch für den berühmten Wenzelssaal auf dem Prager Hradschin verantwortlich zeichnet, als ihr Schöpfer. So prächtig wie das Äußere, so einfach ist übrigens das barocke Innere. Die gotische Erstausstattung fiel verschiedenen Bränden zum Opfer, welche die Kirche immer wieder heimsuchten. Neben der Kirche steht ein 1873 erbauter neugotischer **Glockenturm** und die sogenannte **Kapelle der Christustreppe.**

Schräg hinter St. Annen liegt die kurz **Bernhardinerkirche** genannte größte gotische Sakralkirche der Stadt. Sie ist unter anderem dem heiligen Franz von Assisi geweiht und wird auch heute wieder von Franziskanermönchen verwaltet. Anders als die St. Annenkirche wurde St. Bernhard nicht nur als Gotteshaus geplant. 19 **Schießscharten** in der Nordfassade zeugen von ihrer Rolle als **Wehrkirche** am Ostrand der Stadt und das Gotteshaus zeigt sich deshalb massiv und gedrungen. Schon im Mittelalter hatten Bernhardinermönche, deren Orden Anfang des zweiten Jahrtausends aus dem Benediktinerorden hervorgegangen war, hier eine erste Kirche samt Kloster errichtet. Ihr heutiges Gesicht mit den typischen Spitzbogenfenstern und Strebepfeilern erhielt die Kirche aber erst viel später. In der Sowjetzeit war die Kirche geschlossen und diente lange Jahre als Lagerhaus. Inzwischen sind gründliche Renovierungsarbeiten angelaufen. Bis jetzt wurden vor allem die Fresken aus gotischer Zeit neu herausgeputzt,

ebenso der große Holzaltar im Mittelschiff und die barocken Seitenaltäre und Grabdenkmäler.

> Šv. Onos ir Bernardinų bažnyčių ansamblis
> St. Annenkirche, Maironio g. 8, Tel. 69817731, Mai–September: tgl. 11–18 Uhr, Okt.–April tgl. 17–19 Uhr, Gottesdienste: Mo.–Sa. 18, So. 9 und 11 Uhr
> Bernhardinerkirche, Maironio g. 10, Tel. 5 2609292, Führungen nach Voranmeldung auch auf Englisch: Di.–Sa. 9–18 Uhr, Gottesdienst: Mo.–Fr. 7.30, Sa. 9 und 18, So. 9 (auf Englisch), 10.30, 13 und 17 Uhr

❽ ST. MICHAELSKIRCHE, MUSEUM FÜR KIRCHLICHES KULTURERBE ★★ [L8]

Gleich gegenüber dem gotischen Ensemble findet sich in der St. Michaelskirche einer der jüngsten und schönsten Kulturtempel in Vilnius. Seit Oktober 2009 beherbergt das ehemalige Gotteshaus das Museum für kirchliches Kulturerbe, in dem die wichtigsten Kirchenschätze der Stadt fachmännisch und öffentlichkeitswirksam präsentiert werden.

Die **helle Fassade** von St. Michael steht im Gegensatz zu den Rottönen der Sakralbauten gegenüber. **Leonas Sapiega** (1557–1633), zeitweise Kanzler des Großfürstentums Litauen, hatte das Gotteshaus Anfang des 17. Jh. als **Mausoleum** bauen lassen. Unter der Auflage, dass die Kirche seine Gruft und die seiner Familie werde, übereignete er den Bernhardinern das Renaissancegroßbauwerk, das damals eines der mächtigsten Bollwerke katholischen Glaubens in Vilnius war. Im 18. und 19. Jh. wurde die gotische Kirche mit barocken Stilelementen angereichert. 1948 entschieden die **Sowjets**, in ihr ein

030vl Abb.: ÉS

Architekturmuseum einzurichten. Die wichtigsten Altäre wurden deshalb herausgerissen, viele Kunstgegenstände gestohlen, den Rest zerstörte 1964 ein Großfeuer.

Nach der Unabhängigkeit Litauens wurde die dem Erzengel Michael geweihte Kirche dem Erzbistum Vilnius zurückgegeben, das dort schließlich das heutige **Museum** einrichtete. Es birgt **liturgische Prunkstücke** aus den schönsten Kirchen des Bistums, vor allem aber aus der alten Kathedrale von Vilnius: kostbare Monstranzen, kunstvoll bestickte Messgewänder und Mitren, Prozessionskreuze, Messkelche, Reliquienbehälter und Weihrauchfässer, feinste Arbeiten aus Silber und Gold, wertvoller Schmuck hinter Panzerglas. Zu den bedeutendsten Ausstellungsstücken zählen eine aus dem 17. Jh. stammende **Kasimir-Reliquie** aus der Kathedrale von Vilnius und ein **Armreliquiar des heiligen Stanislaus** aus

dem frühen 16. Jh. Auf der zum Museum gehörenden ehemaligen Kirchenempore findet sich neben Marienfiguren eine alte **italienische Orgel**, die hin und wieder bei Konzerten zum Einsatz kommt.

> ❯ Šv. Arkangelo Mykolo bažnyčia,
> Bažnytinio paveldo muziejus,
> Šv. Mykolo g. 9, Tel. 5 2697803, www.
> bpmuziejus.lt, Di.–Sa. 11–18 Uhr, 9 Lt

❾ HEILIG-GEIST-KIRCHE ⭐ [K9]

Hinter der Universität, etwas abseits der touristischen Routen, liegt in der Dominikanerstraße die katholische Heilig-Geist-Kirche, deren große **Kuppel** allerdings nicht zu übersehen ist. Heute gehört sie der polnischen Kirchengemeinde, mit der Papst Johannes Paul II. hier 1993 eine Messe feierte.

 Eine alte italienische Orgel im Museum für Kirchliches Kulturerbe kommt hin und wieder bei Konzerten zum Einsatz

KLEINE PAUSE

Ein Tässchen Kaffee zum Buch

Wie wäre es, einen Kaffee oder Pfefferminztee im Buchladen zu genießen? Im Mint Vinetu, einem kleinen **Secondhandbuchladen** in der Altstadt, ist das möglich. Die Zettelsammlung an der Wand stammt aus gebrauchten Druckwerken und zeugt von den Gedanken, die den Lesern einst durch den Kopf gingen. Die angebotenen Bücher sind in litauischer oder englischer Sprache, die Getränke sehr preiswert. Warum also nicht einmal ein Stündchen bei einem heißen Tee oder einem frischen Tässchen Kaffee in alten Büchern schmökern?
Ⓞ98 [K9] **Mint Vinetu**, Šv. Ignoto g. 16, www.mintvinetu.com, Tel. 61820347, tgl. 11–18 Uhr

Die Kirche wurde 1408 gestiftet, 1501 an ein Dominikanerkloster angeschlossen und im 18. Jh. im Barockstil umgebaut. Während der Zarenzeit diente die Klosterkirche als **Gefängnis**, in dem polnische und litauische Freiheitskämpfer eingekerkert waren. Sehenswert ist die Rokokoausstattung im Inneren mit mehreren Barockaltären, schönen Gemälden und einer Orgel. In der unterirdischen **Krypta** ruhen mumifizierte Leichen – vermutlich Pesttote, suchte die tödliche Seuche doch Vilnius gleich mehrmals heim.

› **Šv. Dvasios Domininkonų bažnyčia,** Dominikonų g. 8, Tel. 5 2629595, Gottesdienste in polnischer Sprache: Mo.–Sa. 15 und 18 Uhr, So. 8, 9, 10.30, 12, 13.30 und 18 Uhr

⑩ UNIVERSITÄTS-VIERTEL ★★ [L8]

Das alte Universitätsviertel hat sein ganz eigenes Gesicht. Genau betrachtet handelt es sich um einen kleinen Stadtteil mit Studienkollegs und Hörsälen aller Größe, mit Bibliotheken und Studierzimmern, mit zahllosen Innenhöfen und einer großen Kirche. Ein Quartier, in dem man sich leicht verlaufen kann, aber das sollte einen auf keinen Fall von einem Besuch abhalten!

Das Ensemble der alten Universität ist eine **bauliche Mischung** aus Gotik, Renaissance, Barock und klassischer Architektur. Der Komplex wird von Pilies, Šv. Jono, Universiteto und S. Skapo gatvė gesäumt und ist ein Ort der Forschung und Lehre und Heimstatt bedeutender Gelehrter und Forscher, ja sogar Nobelpreisträger.

1578/1579 war die Universität aus dem vorher gegründeten Jesuitenkolleg hervorgegangen. Damit gehört sie zu den **ältesten Hochschulen Osteuropas.** Bis 1773 waren die **Jesuiten** der Träger, dan Prancuzisko ach ging die Universität in den **Besitz des Staates** über, der ihr 1781 den Titel „Hauptschule des Großfürstentums Litauen" verlieh. Nach der **zaristischen Machtübernahme** wurde die Universität 1803 in den Rang einer Kaiserlichen Universität erhoben. Weil sich viele ihrer Studenten und

Professoren aber 1830 am **Zarenaufstand** beteiligten, wurde die Bildungsstätte zwei Jahre später **geschlossen.** Für fast 100 Jahre verlor Litauen damit sein geistiges Zentrum.

Erst 1919 wurde sie als litauische Universität wiedereröffnet und wechselte in der Folge mit jedem neuen Besatzer des Landes ihre Trägerschaft: Mal gaben Polen, mal Russen oder Deutsche den Ton an. Inzwischen gehört die Universität dem litauischen Staat und **knapp 24.000 Studenten** studieren in Vilnius. Allerdings sind in der Altstadt heute nur noch das Rektorat, die Bibliothek sowie drei der mehr als ein Dutzend Fakultäten und Institute untergebracht: nämlich Philologen, Historiker und Philosophen.

Am besten betritt man den Campus über den **Haupteingang** in der Universitätsstraße (Universiteto gatvè), wo der Besucherdienst auch ein deutschsprachiges Informationsblatt für einen Rundgang bereithalten sollte. Ein Dutzend **Höfe** laden zur Besichtigung, um die sich die Lehrsäle und andere Universitätseinrichtungen gruppieren. Sehenswert ist auf alle Fälle die **Bibliothek** mit ihren mehr als 5 Millionen Publikationen. Wollte man sie alle in Augenschein nehmen, müsste man eine ganze Woche lang die 166 Regalkilometer ablaufen. Tausende der Bücher stammen noch aus dem 15., 16. und 17. Jahrhundert, darunter wertvolle Atlanten und Bibeln. Noch älter sind die mittelalterlichen Handschriften und Inkunabeln. Die schönsten finden sich im sogenannten **Smuglevičius-Saal**, dessen Deckenfresken Beachtung verdienen. Das architektonische Prachtstück des Viertels ist der **Große Hof**, der auf seine Betrachter wie ein großer Saal unter freiem Himmel wirkt. An drei Seiten rahmen ihn Gebäude mit Arkadengängen ein, zum Teil ebenfalls mit Fresken verziert. An der Ostseite schließt sich das Haupthaus der Universität mit der großen Aula an, eines der ältesten Gebäude der Hochschule.

❯ **Vilniaus universitetas (Universität Vilnius),** Universiteto g. 3, Tel. 5 2687001, www.vu.lt, Öffnungszeiten: Mo.–Sa. 10–17, So. 10–14 Uhr, 4 Lt

◀ *Rechts: Freskenschmuck in der alten Universität*

◀ *Links: Verwinkelte Arkadengänge im alten Universitätsviertel*

⑪ ST. JOHANNES-KIRCHE ★ ★ [L9]

Ebenfalls zur Universität gehört heute wieder die Johanneskirche, eines der ältesten Gotteshäuser der Stadt. Sie wurde unmittelbar nach der Christianisierung Litauens gebaut und deshalb gleich **zwei Heiligen gleichen Namens** geweiht. Offiziell heißt sie „Kirche des heiligen Johannes des Täufers und des heiligen Johannes Apostels und Evangelisten". Von ihrer ursprünglichen Pracht zeugen allerdings nur noch ein paar gotische Pfeiler und Fenster.

1571 übernahmen die **Jesuiten**, die damals ja auch die Universität betreuten, die Kirche. Nach einem **Großbrand** wurde sie von dem schlesischen Architekten Johann Christoph Glaubitz wieder aufgebaut. Er machte aus der gotischen Hallenkirche ein spätbarockes Prachtstück mit 22 Altären und 7 Kapellen, von denen viele aber später wieder abgetragen wurden. Während der **sowjetischen Besatzungszeit** nutzte die Rote Armee die Kirche eine Zeit lang als **Lager**, später war in **Museum** in ihr untergebracht. Heute aber wird sie wieder von den Jesuiten als **Kirche** genutzt und zeigt sich neu renoviert.

Zehn Barockaltäre, die alle Wirren der Zeit überlebt haben, reihen sich im Halbkreis aufsteigend über Chor und Apsis. Wegen ihrer ausgezeichneten Akustik wird die Kirche auch gern als **Konzertsaal** genutzt. Ihr Prachtstück ist die **neue Orgel**, die größte Litauens, die den Ruhm der alten Universität zumindest musikalisch in alle Welt trägt. Nicht zu übersehen ist der frei stehende, fast 70 m hohe **Glockenturm**. Er ist der höchste der Stadt.

❯ **Šv. Jonų bažnyčia,** Šv. Jono g. 12, Tel. 5 2687155, www.lmrf.lt. Gottesdienste: Di.–Do. 18, So. 11 und 13 Uhr

⑫ PRÄSIDENTENPALAST ★ [K8]

Der Präsidentenpalast heißt im Volksmund schlicht „Präsidentur" und liegt wie eine Intarsie im Gewirr der Altstadtgassen. Er befindet sich auf dem S.-Daukanto-Platz, benannt nach **Simonas Daukantas,** der erstmals die Geschichte des Landes in litauischer Sprache aufgeschrieben hatte. Besuchern steht der Palast gewöhnlich nur samstags (9–14.30 Uhr) offen, wenn es kostenlose **Führungen**

▌ IM VIERTEL DER JUDEN

*Um die vom Alten Rathaus ⑯ abge-hende „Deutsche Straße" (Vokiečiu g.) erstreckte sich einst das **jüdische Viertel**. Während der **deutschen Besatzung** waren hier die **Gettos**, die 1941 von den Nationalsozialisten eingerichtet wurden. Im kleinen und großen Getto waren viele Zehntausend Menschen auf engstem Raum zusammengepfercht und hausten oft zu Dutzenden in schmutzigen Zimmern und Kellern. Trotzdem gelang es ihnen, zwischen ihren Zwangslagern eine **Bibliothek** und ein **Theater** einzurichten - Ausdruck eines kulturellen Selbstbewusstseins, das die jüdische Bevölkerung der Stadt von Anfang an prägte.*

*Über Jahrhunderte hatte sich Vilnius zu einer der wichtigsten jüdischen Siedlungen Europas entwickelt. Schon früh hatten sich hier die **Litvaken** niedergelassen, wie man die jüdischen Siedler des ehemaligen Großfürstentums Litauen bis heute nennt. 1573 wurde mit dem Bau einer großen Synagoge begonnen, in deren Schatten das kulturelle Leben zu blühen begann.*

in litauischer Sprache gibt. Mit viel Glück kann man sogar einen Blick in das Arbeitszimmer des Staatsoberhauptes werfen. Schon Zar Alexander I., Frankreichs König Ludwig XVIII. oder Kaiser Napoleon machten hier Station. Seit 1997 ist der umfassend restaurierte Palast, in dem heute auch alle Staatsgäste empfangen werden, **Amtssitz des litauischen Staatsoberhaupts.**

❭ **Prezidento rūmai**, S. Daukanto a. 3, Tel. 5 2664154, www.president.lt

⑬ ST. KATHARINEN-KIRCHE ★ [K9]

Wie ein Bollwerk erhebt sich die Katharinenkirche im südlichen Abschnitt der Vilniaus gatvė. Der spätbarocke Prachtbau dient heute als **Kulturzentrum.**

St. Katharinen war die erste große Kirche, die nach der Unabhängigkeit Litauens komplett renoviert wurde. Sein heutiges Aussehen erhielt das einstige Klosterensemble Mitte des

---

*Die jüdische Gemeinschaft in Vilnius definierte sich weniger durch religiöse als durch eine eigene **kulturelle Identität.** Und dies vor allem durch die **jiddische Sprache** und einen **aufklärerischen Geist,** der den Grundstein für ein neues, weltoffenes Judentum legte und das „jiddische Vilne" schnell zum **geistigen Zentrum der Juden Osteuropas** machte. Auch wenn in Warschau mehr Juden lebten, galt Vilnius als das eigentliche „Jerusalem des Nordens".*

*Jeder dritte Einwohner der Stadt war damals jüdischen Glaubens. Eine starke Gemeinschaft, die auch eine der ersten **Widerstandsbewegungen** gegen die Nationalsozialisten schmiedete. Dem **Massenmord** durch die Nazis und ihre litauischen Kollaborateure aber waren sie schutzlos ausgeliefert. Schon im Oktober 1941 wurde das kleine Getto aufgelöst, das große im September 1943.*

*Nur ein paar Hundert Gettobewohner überlebten den **Holocaust.** Ihren toten Mitbürgern setzten sie nach Kriegsende ein Denkmal, das die Sow-*

*jets 1953 aber wieder abrissen. In der UdSSR war das Gedenken an die jüdischen Opfer unerwünscht. So erinnert heute in Vilnius nicht mehr viel an die Gräueltaten von einst. Nur vom **kleinen Getto** blieb das eine oder andere Haus stehen. An der Stelle der großen Synagoge, die nach ihrer Zerstörung in der Sowjetzeit endgültig abgerissen wurde, steht heute ein Kindergarten. Eine **Gedenktafel** in der Gaono gatvė mahnt an die vielen Tausend Juden, die von hier in den Tod getrieben wurden. Und auch im Wald von Paneriai, weit draußen vor den Toren der Stadt, wo die Massenerschießungen stattfanden, erinnert ein 1991 aufgestelltes **Denkmal** an die Opfer.*

*Inzwischen gibt es in Vilnius wieder eine **wachsende jüdische Gemeinde** mit einem staatlichen Gymnasium, Kindergarten und Kulturzentrum. Besucher, die sich für die jüdische Geschichte und den Alltag in den Gettos interessieren, können im Staatlichen Jüdischen Museum (s. S. 32) mit seinen verschiedenen Gedenkstätten mehr erfahren.*

18. Jh. Während der Sowjetzeit verfiel die geschlossene und als Lagerhaus genutzte Kirche immer mehr. Heute ist sie eines der **gelungensten Beispiele der Stadterneuerung.** Wegen der guten Akustik wird das Kirchenschiff gern für **Konzerte** genutzt.

> **Šv. Kotrynos bažnyčia,** Vilniaus g. 30. Keine Innenbesichtigung möglich.

⓮ ST. NIKOLAUSKIRCHE ★ [K9]

Die vollständig renovierte **russisch-orthodoxe Nikolauskirche** ist die **älteste erhaltene Kirche in Litauen** und geht auf das 14. Jh. zurück. Deutsche Handelsherren gelten als ihre Bauherren und die gotischen Grundzüge des Gotteshauses sind noch heute nicht zu übersehen. Im 18. und 19. Jh. wurde sie zum Teil barockisiert, Fensteröffnungen herausgebrochen, ein **Turm** und eine **Sakristei, barocke Altäre,** eine **Orgel** und ein **Orgelchor im Rokostil** dazugefügt.

Der rechte Seitenaltar ist heute der Muttergottes gewidmet, der linke dem **hl. Nikolaus.** Sein von Votivgaben gesäumtes Bild zeigt ihn mit einem Schiff unter dem Arm – ein Verweis auf eine bekannte Nikolauslegende, nach der er in Seenot geratenen Matrosen das Leben rettete.

In der ersten Hälfte des 20. Jh. war St. Nikolaus die einzige Kirche in Vilnius, in der **auf Litauisch gepredigt** wurde, was sie bis heute zu einem der **Zentren litauischer Identität** macht. Besonders deutlich wurde das zuletzt unter der Sowjetherrschaft. So hatte man 1959 eine neue Skulptur des hl. Christophorus neben die Kirche gestellt – wohl wissend, dass die Sowjets alle Darstellungen mit Abbildungen des christlichen Stadtpatrons aus dem Verkehr ziehen würden. Es war eine besondere Art des Protestes

gegen die russischen Machthaber von damals.

> **Šv. Mikalojaus bažnyčia,** Šv. Mikalojaus g. 4, Tel. 5 2623069, www.mikalojus.lt, Gottesdienst: Mo.–Fr. 8 und 18, Sa. 9, So. 8, 10, 14 und 15 Uhr

⓯ ST. PARASKEVA-KIRCHE ★ [L9]

Hinter bunten Souvenirständen versteckt sich die russisch-orthodoxe St. Paraskevakirche in der Didžioji gatvė. Das erste Gotteshaus soll hier im 14. Jahrhundert für eine Prinzessin, die **Frau des Großfürsten Algirdas,** gebaut worden sein. 1557 brannte die Kirche nieder, wurde aber bald darauf wieder aufgebaut. Anfang des 17. Jh. gehörte das Gebäude dem **Basilianerorden,** einem ursprünglich ukrainischen Mönchsorden, der es als **Gasthaus** nutzte. Später erhielt die orthodoxe Gemeinde die Kirche zurück und ließ das Gotteshaus schließlich im **neobyzantinischen Stil** erneuern.

Eine Legende erzählt, dass Zar Peter der Große hier anno 1705 den aus Afrika stammenden Abraham Petrowitsch Hannibal getauft hätte, der ihm vom türkischen Sultan geschenkt worden war. Hannibal war der Urgroßvater des Dichters **Alexander Puschkin.** Nach dem Zweiten Weltkrieg diente die Kirche zeitweise als Gemäldegalerie. 1990/91 wurde sie der russisch-orthodoxen Gemeinde zurückgegeben, die hier sonntags ihren Gottesdienst feiert.

> **Pyatnickaya,** Didžioji g. 2. Besichtigung manchmal möglich, die Inneneinrichtung ist aber wenig beeindruckend.

◀ *Der heilige Christopherus ziert das Stadtwappen von Vilnius*

CHRISTOPHORUS –
DER STADTHEILIGE

033vl Abb.: gs

*Der heilige Christophorus findet sich auf **Hauswänden, Briefköpfen, Gullydeckeln** und sogar den **Uniformen** vieler städtischer Bediensteter. In der Regel wird er als **Hüne mit dem Christuskind auf den Schultern** dargestellt, in der Hand einen großen Stab. Christophorus ist ein Heiliger, der in der **West- und Ostkirche** Verehrung genießt, was ihn in Vilnius für die Rolle des **Stadtpatrons** prädestinierte. Eine Legende besagt, dass er den jungen Jesus einst durch die tiefe Furt eines Flusses getragen habe, daher wird er oft auch „Christusträger" genannt. Eine besonders große Christophorus-Darstellung findet sich auf einem Haus am Ende des Gedimino-Boulevards* **㉕** *gegenüber dem Nationalparlament.*

⑯ RATHAUSPLATZ UND ALTES RATHAUS ★ ★ ★   [L10]

Der Rathausplatz ist die gute Stube der Stadt, zentral gelegen und ringsum von Häusern umgeben. Im Sommer sitzt man auf den Freilufterrassen der umliegenden Restaurants. Blickfang ist das Alte Rathaus, das heute für Ausstellungen, Dichterlesungen, Konzerte, Jubiläumsveranstaltungen und Empfänge genutzt wird.

Auf dem Rathausplatz kreuzten sich früher die Verkehrswege von Moskau nach Danzig oder auch von Krakau nach Riga. Hier wurde gefeilscht und gehandelt, **Märkte** und **Messen** fanden statt, **Mysterienspiele** und **Volkstheater**. Am **Schandpfahl** in der Mitte des Platzes büßten Verbrecher für ihre Taten. Ringsum wohnten Kaufleute und Handwerker und es gab **Geschäfte** und **Kneipen** – fast so wie heute, wo sich der Platz allerdings viel größer als damals präsentiert.

An der Südseite stand vermutlich schon im späten 14. Jh. der erste **Verwaltungssitz** der Stadt. Sein heutiges Gesicht mit der wuchtigen klassizistischen Säulenfront erhielt das Rathaus aber erst nach seinem durch einen Großbrand bedingten Umbau Ende des 18. Jh. Den Giebel ziert das Stadtwappen mit dem heiligen Christophorus. An die gotische Vergangenheit des Baus erinnert heute nur noch der Keller mit dem Sternengewölbe.

❭ **Rotušė**, Didžioji g. 31, Tel. 5 2618007, www.vilniausrotuse.lt, Di.–Fr. 12–18 Uhr, Sa. 12–17 Uhr

**⑰ ZENTRUM FÜR ZEIT-
GENÖSSISCHE KUNST ★ [K10]**

Schräg hinter dem Rathaus findet sich das Zentrum für zeitgenössische Kunst, das auch als „Palast der Kunst" bekannt ist. Es wurde 1968 als Ausstellungspalast zur 50-Jahr-Feier der Oktoberrevolution und Hort für sozialistische Gegenwartskunst gebaut, doch davon ist heute nichts mehr zu sehen. Stattdessen finden sich in den Ausstellungsräumen **modernste**

Videoinstallationen, Multimediashows und andere **aktuelle Kunstwerke.**

Ein Teil des Museums ist der **Fluxus-Kunst** gewidmet. Fast hundert Werke dokumentieren Aktionen bekannter Künstler, darunter Arbeiten des bekannten litauischen Fluxus-Pioniers George Mačiūnas. Das kleine Museumscafé ist einen Zwischenstopp wert!

❭ **Šiuolaikinio meno centras,**
Vokiečių g. 2, Tel. 5 2121945,
www.cac.lt, Di.–So. 12–20 Uhr, 8 Lt

■ FLUXUS-HAUPTSTADT VILNIUS

In der Kunstwelt gilt Vilnius als die heimliche Hauptstadt der Fluxus-Bewegung und auf jeden Fall stammt einer ihrer wichtigsten Wegbereiter aus Litauen: George Mačiūnas wurde 1931 in Kaunas geboren. 1944 flüchteten seine Eltern mit ihm nach **Deutschland,** *wo er in Bad Nauheim zur Schule ging. Zwei Jahre später siedelte die Familie dann nach* **New York** *über, wo der junge Mačiūnas* **Kunst und Design** *studierte und unter anderem* **Yoko Ono** *kennenlernte.*

Anfang der 1960er-Jahre machte er zusammen mit anderen durch eine Reihe von **Happenings** *von sich reden, Kunstaktionen, die sich* **gegen alle elitären Kunstformen** *wandten. Die* **schöpferische Idee** *war dabei – ähnlich wie zuvor bei den Dadaisten – das Wichtigste. Mačiūnas nannte diese neue Form der Kunst, die auf* **einfache Wiederholbarkeit** *setzte und auch bei Musikern viel Anklang fand,* **Fluxus.** *Für seine ersten Aktionen in Deutschland - die erste 1962 in Wiesbaden - konnte er Musiker wie Karlheinz Stockhausen oder John Cage gewinnen.*

Mačiūnas wurde zum wichtigsten Verfechter der neuen Kunst, die mit Videos, Musik, Licht, Geräuschen, Bewegung und verschiedensten Materialien arbeitete. Künstler wie **Wolf Vostell,** *der Kriegsspielzeug mit einem Hammer zerschlug, und* **Joseph Beuys,** *der mit Margarine und Fett arbeitete, wurden in Deutschland zu Aushängeschildern der Bewegung.*

Viele der Artefakte von Mačiūnas sind heute in den Museen von Vilnius und Kaunas ausgestellt, wo sie Zeugnis einer der wichtigsten Kunstbewegungen des 20. Jh. sind. Um Künstler und Kunst zu fördern, mietete Mačiūnas außerdem große Lofts an, in denen Filmemacher, Tänzer und andere Künstler an neuen Ausdrucksformen arbeiten konnten. Diese „Tradition" hat man inzwischen in Vilnius wieder aufgegriffen, wo man mit dem **„Fluxus-Ministerium"** *Künstlern auf dem Gedimino-Boulevard (Nummer 27) einen mehrstöckigen Bau zur Verfügung gestellt hat, die hier an ihrer Kunst arbeiten und sie präsentieren können.*

18 ST. KASIMIRKIRCHE ★★[L10]

Dem Nationalheiligen Kasimir ist eines der schönsten Gotteshäuser der Stadt gewidmet. Ein barocker Prachtbau, den die Jesuiten 1604 nach dem Vorbild der Kirche „Il Jesu" in Rom errichten ließen – als weithin sichtbares Bollwerk der Gegenreformation im Großfürstentum Litauen.

Nur ein paar Schritte vom Alten Rathaus entfernt ist die erste große **Barockkirche** der Stadt nicht zu übersehen. 40 m hoch ragt ihre **Kuppel** über das mächtige Kirchenschiff und die **Fassade** der Kasimirkirche glänzt besonders in der späten Abendsonne in frischen Farben. Kein Zweifel, gegenüber dem Rathaus wollten die Jesuiten einst mit diesem Bauwerk ihre eigene Stärke demonstrieren. St. Kasimir sollte aber auch eine würdige Erinnerung an den Nationalheiligen sein, der kurz vor der Grundsteinlegung vom Papst heiliggesprochen worden war.

Das Gotteshaus hat eine **wechselvolle Geschichte:** Napoleons Truppen nutzten es während ihres Russland-Feldzuges als Getreidelager. Während der Zarenzeit wandelte man St. Kasimir 1839 in eine orthodoxe Kirche, die man dem hl. Michael weihte. Wenig später stutzte man ihre Türme und setzte ihr die für orthodoxe Kirchen typischen Zwiebeltürme auf. Während des Ersten Weltkriegs verwandelte die deutsche Armee St. Kasimir in eine evangelische Garnisonskirche, die auch Kaiser Wilhelm II. besuchte. Nach dem Zweiten Weltkrieg hausten Soldaten der Roten Armee in der Kirche und die Militärs nutzten den Platz zwischen den großteils zerstörten Altären als Schnaps- und Weinlager. 1963 richteten die Sowjets im ehemaligen Gotteshaus gar ein „Museum des Atheismus" ein.

1988 erhielten die Katholiken die Kirche wieder zurück, die 1991 von den **Jesuiten** erneut ihrem Zweck als Gotteshaus zugeführt wurde. Inzwischen glänzen die barocken Altäre wieder und St. Kasimir zeigt sich als eine Perle der Stadt. Einen Blick sollten Besucher unbedingt auf die erst vor Kurzem bei den Renovierungsarbeiten in der Krypta entdeckten **Fresken** werfen. Sie sind von einer ergreifend schlichten Schönheit, ein richtiges Kontrastprogramm zum üppigen Barock in der Kirche darüber. Jeden Sonntag gibt es nach der heiligen Messe um 12 Uhr ein **Kirchenkonzert.**

› **Šv. Kazimiero bažnyčia,** Didžioji g. 34, www.kazimiero.lt, Tel. 5 2121715, Gottesdienste werktags 17.30, So. 9, 10.30, 12 Uhr

034vl Abb.: gs

► *Die St. Kasimirkirche kündet von der einstigen Macht der Jesuiten*

⑲ ORTHODOXE HEILIG-GEIST-KIRCHE ★★ [L10]

Die **wichtigste russisch-orthodoxe Kirche Litauens** wurde im 16. Jh. aus Holz gebaut, später durch ein steinernes Gebäude ersetzt und immer wieder baulich verändert, bis sie 1873 ihre noch heute charakteristische **Kuppel** mit dem kleinen Türmchen erhielt. Sehenswerter ist das **Kircheninnere** mit spätbarocken Reliefs und Dekoren, die für eine orthodoxe Kirche recht ungewöhnlich sind.

Blickfang sind aber die **Ikonen** und das **Grab** der drei 1347 zu Tode gefolterten **Märtyrer Antonius, Johannes und Eustachius**. Die gut erhaltenen Leichname sind meist mit Tüchern zugedeckt, nur einmal jährlich, am 26. Juni, sind sie unverhüllt. Dann pilgern Tausende zur Kirche, werden den Gebeinen an diesem Tag doch besondere Heilkräfte nachgesagt. Freunde orthodoxer Riten und Gesangs sei der werktägliche Gottesdienst um 17 Uhr empfohlen.

❯ **Stačiatikių Šv. Dvasios Cerkvé**, Aušros Vartų g. 8, Tel. 5 2127765, Gottesdienste: Mo.–Fr. 8 und 17, Sa. 7, So. 6.45, 10 und 17 Uhr

⑳ ST. THERESIENKIRCHE ★ [L10]

Ein **frühbarockes Schmuckstück** ist die Kirche der heiligen Theresa. Ein weit gereister und gebildeter Aristokrat hatte sie einst samt Kloster dem Orden der „Unbeschuhten Karmeliten" gestiftet, einem Mitte des 16. Jahrhunderts in Spanien gegründeten Reformorden. Bauliches Vorbild war die dem gleichen Orden gehörende Kirche „Maria della Scala" in Rom. Und wie dort sparte man auch in Vilnius nicht an der Ausstattung: Für die **Fassade** wurden ausschließlich feinste Materialien wie teurer Sandstein, schwarzer und weißer Marmor und polierter Granit verwendet. Auch den **Innenausbau**, anfangs noch bescheiden, ließen sich die „Unbeschuhten Karmeliten", die ihr Geld mit Bierbrauen und Kerzenziehen verdienten, schließlich etwas kosten. Besonders beeindruckend geriet der **Hauptaltar**, einer der schönsten Litauens. Aufmerksamkeit verdienen auch die **Deckenfresken** mit Szenen aus dem Leben der heiligen Theresa.

❯ **Šv. Teresės bažnyčia**, Aušros Vartų g. 14, Tel. 5 2123513, www.ausrosvartai.lt, Gottesdienst: Mo.–Sa. 7.30, 9 und 18.30 Uhr, So. 9.30, 11, 18.30 Uhr

㉑ TOR DER MORGENRÖTE ★★★ [L10]

Das letzte noch erhaltene Stadttor ist heute eine der wichtigsten Sehenswürdigkeiten der Stadt. Anfang des 16. Jahrhunderts erbaut, sollte es die Stadt nach Süden abschotten. Dass es nicht wie die übrigen Stadttore bei der Stadterweiterung abgerissen wurde, verdankt es einem kleinen Madonnenbild, dessen Kopien in ganz Europa hängen.

1514 fand das Tor der Morgenröte, das auch als „Spitzes Tor" bekannt ist, als eines von vielen Stadttoren erstmals Erwähnung. Sein heutiger Name, den ihm vermutlich Journalisten auf der Suche nach einem passenden Etikett verpassten, verweist darauf, dass das Tor **Richtung Morgensonne ausgerichtet** ist.

Anfang des 17. Jh. entstand unmittelbar neben dem Tor ein **Kloster**, das von 1652 an ein **Gnadenbild** beherbergte. Wenige Jahre später baute man der Madonna zu Ehren am Stadttor eine kleine **Holzkapelle**, die später durch einen **steinernen**

Aufbau ersetzt und immer wieder umgebaut oder restauriert wurde – zuletzt 1993 vor dem Besuch des Papstes. Zahlreiche Stufen führen heute zur spätklassizistischen Marienkapelle. Traditionsbewusste Pilger legen den Weg über die Treppenstufen nach oben noch immer **auf den Knien** zurück.

Im kleinen Souvenirladen gibt es Ikonen und Devotionalien zu kaufen – und natürlich Kopien des **wundertätigen Marienbildes.** Es zeigt die Muttergottes: zart und anmutig, den Kopf geneigt, die Hände auf der Brust gekreuzt, die Augen halb geschlossen. Der Schöpfer des Bildes ist bis heute unbekannt, es soll aber nach dem Vorbild eines Bildes des Niederländers Martin de Vos gemalt worden sein. Das 165 cm breite, 200 cm hohe und vermutlich um das Jahr 1630 entstandene Marienbild wurde ursprünglich in Tempera ausgeführt und später immer wieder einmal überpinselt. Es ist auf dicke Eichenholzplatten gemalt und von einem Rahmen aus vergoldetem Silberblech und Edelsteinapplikationen umgeben. Der silberne Halbmond am unteren Bildrand ist eine Votivgabe aus der Mitte des 19. Jh. Auf dem Kopf trägt die Muttergottes zwei kostbare Silberkronen, die ihr einst der Papst geschenkt haben soll.

Seit Mitte des 17. Jahrhunderts gilt das Bild der „**Heiligen Jungfrau Maria, Mutter der Barmherzigkeit**" – so lautet der offizielle Name – als wundertätig. Davon zeugen auch die zahllosen **Votivgaben** in der Kapelle, die Geheilte und Getröstete gespendet haben. Katholiken verehren das Marienbild übrigens genauso wie griechisch- oder russisch-orthodoxe Christen. Ein Umstand, der die Sowjets davon abhielt, während ihrer

Regierungszeit die Kapelle, wie andere Kirchen auch, zu schließen.

> **Aušros Vartai,** Aušros Vartų g. 12, Tel. 5 2123513, www.ausrosvartei.lt, Gottesdienste: mehrmals täglich meist in polnischer Sprache

㉒ ARTILLERIEBASTION BASTEI ⭐ [L10]

Südöstlich des Stadtzentrums findet sich die Bastei *(Bastėja),* eine im 17. Jh. hinter der ehemaligen Stadtmauer errichtete **Schutzanlage.** Sie sollte feindliche Angriffe auf die Stadt mit Artilleriefeuer abwehren. Im Laufe der Jahre allerdings verlor die Renaissancefestung ihre Bedeutung, die umliegenden Schutzgräben wurden zugeschüttet, die Mauern geschliffen, das Gelände zur Mülldeponie erklärt.

▲ *Das Bild der „Heiligen Jungfrau Maria, Mutter der Barmherzigkeit" gilt als wundertätig und lockt jährlich viele Hunderttausend Pilger an*

Erst 1966 besann sich Vilnius seiner Geschichte und begann mit der Restaurierung der Bastei. 1987 richtete man in der ehemaligen Festung ein kleines **Museum** ein, in dem unter anderem Ritterrüstungen und Kanonen gezeigt werden. Bis zur endgültigen Sanierung der Anlage – voraussichtlich Ende 2011 – bleibt das Museum geschlossen.

› **Gynbinės sienos bastėja**, Bokšto g. 20, Tel. 5 2612149, www.lnm.lt

❷❸ KIRCHE DER JUNGFRÄULICHEN MUTTERGOTTES ★ [L9]

Zwischen Altstadt und dem Szeneviertel Užupis findet sich eine der größten **orthodoxen Kirchen** des Landes. Ihre baulichen Wurzeln reichen bis ins 15. Jahrhundert zurück. Im Lauf der Jahre wechselte die Kirche mehrmals ihre Eigentümer. So gelangte sie vor rund zweihundert Jahren in die Zuständigkeit der **Universität**, die dort unter anderem eine Bibliothek, Hörsäle und die Anatomieabteilung der Mediziner einrichtete. Sein heutiges Aussehen erhielt das mächtige Gotteshaus Mitte des 19. Jahrhunderts nach einem großflächigen Umbau. Damals auch wurde es an die orthodoxe Kirche zurückgegeben, die es bis heute als **Gotteshaus** nutzt.

Die unteren **Außenmauern** stammen zum Teil noch aus der Gotik, der Rest meist aus dem 19. Jh. **Kuppel** und **Fassade** sind der georgischen Architektur verpflichtet. Das Kircheninnere ist wenig spektakulär. Einzig bemerkenswert ist ein Muttergottesbild, das der russische Zar Alexander II. anno 1870 der Gemeinde schenkte.

› **Škaisčiausios Dievo Motinos Cerkvė**, Maironio g. 14, Tel. 5 2153747, www.orthodoxy.lt, Gottesdienst: Sa. 17, So. 9 Uhr

❷❹ UŽUPIS ★★★ [M9]

Am östlichen Rand der Altstadt liegt der Stadtteil Užupis, den manche mit dem Pariser Künstlerviertel Montmartre vergleichen. Doch auch wenn diese Bezeichnung weit übertrieben ist, Užupis mit seinen Cafés, Restaurants und Galerien ist eine Stippvisite wert. Schließlich haben die Bewohner ihr Viertel doch längst zu einer selbstständigen Narrenrepublik ausgerufen – mit eigener Verfassung (s. S. 73) und Flagge, einer Nationalhymne und einem Präsidenten.

Užupis heißt übersetzt „jenseits des Flusses". Diese Bezeichnung verweist auf die Lage des Stadtteils am **rechten Ufer der Vilnia**. Das Viertel entstand bereits im 15. Jahrhundert und anfangs waren hier meist arme Leute zu Hause, doch mit den ersten Brücken über den Fluss siedelten sich auch Handwerker an und die Vorstadt rückte näher ans Zentrum. Im Lauf der Zeit entdeckten orthodoxe Juden den Stadtteil. In der **Sowjetzeit** verkam er allerdings immer mehr, viele Häuser zerfielen, den restlichen fehlten meist sanitäre Anlagen und Stromanschlüsse. Wohnungslose und Kriminelle fanden in den verwahrlosten Anlagen Unterschlupf.

In den 1990er-Jahren schließlich entdeckten **Künstler** und **Bohemiens** das alte Viertel neu. Aber auch **Spaßvögel**, die gern feierten, zogen her. Menschen, die Musiker wie Frank Zappa schätzten und ihm sogar ein Denkmal setzten (allerdings außerhalb Užupis, in der K. Kalinausko gatvė 1 [J8]). Ihr Sinn für Skurriles, gepaart mit Gemeinschaftsgeist, manifestierte sich 1997 in der Ausrufung der **Republik Užupis**, einer Art **Narrenstaat** mit eigener Verfassung und Flagge. Parlamentssitz ist das

EINE „SCHRÄGE" VERFASSUNG (AUSZUG)

> *Jeder Mensch hat das Recht, beim Fluss Vilnia zu leben, und der Fluss Vilnia hat das Recht, an jedem vorbeizufließen.*

> *Jeder Mensch hat das Recht auf heißes Wasser, Heizung im Winter und ein gedecktes Dach.*

> *Jeder Mensch hat das Recht, Fehler zu machen.*

> *Jeder Mensch hat das Recht, einzigartig zu sein.*

> *Jeder Mensch hat das Recht zu lieben.*

> *Jeder Mensch hat das Recht, gewöhnlich und unbekannt zu sein.*

> *Jeder Mensch hat das Recht, faul zu sein.*

> *Jeder Mensch hat das Recht, glücklich zu sein.*

> *Jeder Mensch hat das Recht, unglücklich zu sein.*

> *Jeder Mensch hat das Recht, still zu sein.*

> *Jeder Mensch hat das Recht zu vertrauen.*

> *Niemand hat das Recht, Gewalt anzuwenden.*

> *Jeder Mensch hat das Recht, für seine Unbedeutsamkeit dankbar zu sein.*

> *Jeder Mensch hat das Recht zu jeder Nationalität.*

> *Jeder Mensch kann teilen, was er besitzt.*

> *Niemand kann teilen, was er nicht besitzt.*

> *Jeder Mensch kann unabhängig sein.*

> *Jeder Mensch ist für seine Freiheit verantwortlich.*

> *Niemand hat das Recht, jemand anderem die Schuld zu geben.*

> *Jeder hat das Recht, individuell zu sein.*

> *Lass dich nicht unterkriegen!*

> *Schlag nicht zurück!*

> *Gib nicht auf!*

Café Užupis Kavine (Užupio gatvė 2). Am Anfang der Paupio gatvė kann man die **Verfassung** auf einer Bronzetafel gleich in mehreren Sprachen an einer Wand nachlesen. Und wie es einer närrischen Republik geziemt, feiert man am 1. April jeden Jahres mit Umzügen und Konzerten seine **Unabhängigkeit**. An diesem Tag gilt in dem Ministaat auch eine eigene Währung: Närrisch uniformierte Grenzbeamte drücken jedem „Einreisenden" einen Stempel auf.

Im Jahr 2002 weihten die Užupis-Bürger auf dem Hauptplatz des Viertels ein **Denkmal** mit einem Trompete spielenden Engel ein. Schnell wurde der himmlische Musikus zum neuen

037vl Abb.: gs

▶ *Keramiklädchen im Künstlerstadtteil Užupis*

▲ *Hier ist alles ein wenig anders – eine Künstlerkneipe in Užupis*

▲ *Schlösser als Zeichen ewiger Treue auf dem Weg nach Užupis*

▲ *Ein großes Schild markiert den Eingang zur Künstlerrepublik*

Wahrzeichen des Stadtteils, der seitdem im Volksmund auch „**Engelsrepublik**" heißt.

Vor allem im Sommer finden viele Bummler den Weg in eines der Restaurants und Cafés des Viertels. Dabei überqueren sie in der Regel **Brücken,** deren eiserne Gitter viele Hundert **Schlösser** zieren. Junge und ältere Ehepaare haben sie dort nach ihrer Trauung angebracht. Die passenden Schlüssel flogen anschließend zum Zeichen ewiger Treue in hohem Bogen, und von den Freunden mit Fotoapparat oder Videokamera dokumentiert, in die Vilnia. Der kleine Fluss, dem Vilnius vermutlich seinen Namen verdankt, trennt die Altstadt von der Narrenrepublik. Am Ufer findet sich eine kleine **Bronzenixe.** „Jungfrau von Užupis" hat sie der Volksmund getauft und ihr nachgesagt, dass jeder, der ihrem Zauber nicht widerstehen könne, für immer in Užupis bleiben müsse.

❷❺ GEDIMINO-BOULEVARD (GEDIMINO PROSPEKTAS) ★★ [J7]

Der Gedimino-Boulevard ist die längste Einkaufsstraße in Vilnius. Eine breite, großstädtische Flaniermeile mit eleganten Geschäften, Shoppingcentern, Banken, Museen, Hotels und Behördenbauten. Es gibt einladende Cafés und Hausbrauereien, auf deren Terrassen man den Sommer genießen kann, und ein paar kleine grüne Parkanlagen.

Schnurgerade führt der **Prachtboulevard** über mehr als einen Kilometer vom Kathedralenplatz im Osten bis zum litauischen Parlament am Ufer der Neris ganz im Westen. Mit seinem Bau wurde 1836 begonnen und seit damals trug er immer wieder neue Namen, je nachdem, wer gerade regierte. Zuerst war die breite Straße nach dem heiligen Georg benannt, dann unter anderem nach dem polnischen Dichter Adam Mickiewicz, später nach Stalin und Lenin. Seit 1989 heißt sie wieder Gedimino-Boulevard, nach dem Stadtgründer.

Zu den beachtenswerten Gebäuden entlang der Straße gehören unter anderem das **Schauspielhaus des Nationaltheaters Litauen** (s. S. 29) mit der Plastik der „Drei Musen", einem gern fotografierten Kunstobjekt. Die Arbeit des Bildhauers Stanislovas Kuzma krönt den Haupteingang und zeigt drei der neun olympischen Musen: Melpomene – die Singende – steht für die Tragödie, Thalia – die Festliche – für die Komödie und Kalliope für die epische Dichtkunst. Als Trio verweisen sie so auf die Genrevielfalt des Theaters.

Gedimino 9 (s. S. 16) ist der Name und die Adresse eines der neusten Einkaufszentren der Stadt. Kulturbeflissene mit Interesse an ausgefallener Gegenwartskunst sei eine Stippvisite im **Fluxus-Ministerium** empfohlen, einem alternativen Kulturzentrum (Gedimino pr. 27, s. S. 68). Für eine kurze Pause an warmen Tagen empfiehlt sich der **Lukiškių-Park**, hinter dem sich Litauens höchstes einschiffiges Gotteshaus, die **Kirche St. Philipp und Jakob** erhebt. Hinter der Postanschrift Gedimino pr. 40 verbirgt sich heute eines der emotionalsten Museen der Stadt: das **Museum der Genozidopfer** ㉖, im Volksmund als KGB-Museum bekannt.

Am Ende des Prachtboulevards findet sich das **litauische Parlament** (Gedimino pr. 53), ein nüchterner Zweckbau. Im März 1990 – noch unter sowjetischer Herrschaft – wurde hier die Wiederherstellung des unabhängigen litauischen Staates verkündet. Ein knappes Jahr später rückte das Parlament erneut in den Blickpunkt der Weltöffentlichkeit, als sich Hunderte von Menschen hinter Stacheldraht und Mauerteilen vor dem Regierungsgebäude verschanzten, um so die Besetzung des Parlaments durch die Sowjettruppen zu verhindern. Einige Barrikaden von damals hat man als Mahnung an die Nachwelt vor einer kleinen **Gedenkstätte** aufgestellt.

❭ Anmeldung zu Parlamentsführungen unter Tel. 5 2396202. Die Führungen sind – auch in englischer Sprache – montags bis freitags zwischen 9 und 17 Uhr (freitags bis 15.45 Uhr) möglich.

㉖ MUSEUM DER GENOZIDOPFER ★ ★ ★ [J7]

Mitten auf dem Prachtboulevard der Stadt hausten einst Nazis und sowjetische Geheimdienstler. Hunderte von Menschen wurden hier stundenlang verhört, gequält oder gar zu Tode gefoltert. In engen Zellen wurden Menschen wie Vieh gehalten, in anderen Räumen die planmäßige Vernichtung Tausender von Juden generalstabsmäßig geplant. Heute zählt das „Haus des Schreckens" als Museum der Genozidopfer zu den meist besuchten Museen der Stadt.

Am besten beginnt man seinen Besuch im Keller, wo man schnell einen Eindruck von den Gräuel der Vergangenheit erhält. Originalgetreu hat man dort die **Verhörzellen** eingerichtet, möbliert wie einst, als der **KGB** hier wütete. Der russische Geheimdienst hätte seine Gräueltaten am liebsten verschleiert, wie Säcke mit geschredderten Geheimakten beweisen, die nach dem Abzug der Sowjets zurückgelassen wurden und heute in einer der alten Zellen stehen.

1944 waren die Sowjets in das ehemalige Gerichtsgebäude eingezogen, in dem von 1941 bis 1944 die Geheime Staatspolizei der **Nationalsozialisten** ihr Hauptquartier gehabt hatte. Die Unmenschlichkeit blieb die gleiche. Mit brutaler Gewalt wurden weiter politische Gefangene gefoltert und verhört. Bis zu 20 Menschen waren zeitweise in den winzigen Räumen zusammengepfercht, wo sie barfuß auf hartem Zementboden die Nächte verbringen mussten. 5 Stunden Schlaf waren maximal erlaubt. Am Tag gab es häufig nur 300 Gramm Brot und einen halben Liter warmes Wasser als Verpflegung. Zeitweise betrieben die Sowjets eine spezielle **Folterkammer,** in der die Gefangenen auf schmalen Pfosten stehen mussten. Verloren sie das Gleichgewicht, stürzten sie in eiskaltes Wasser. Auch einen **Erschießungskeller** gab es. Mit einer speziellen Holzwand, die dafür sorgte, dass Querschläger dem Schützen nicht gefährlich werden konnten.

Ein wenig humaner wurde die Behandlung politischer Gefangener erst in den 1960er-Jahren, als unter dem Druck internationaler Menschenrechtsorganisationen zumindest Betten in die Zellen gestellt wurden und sich die Beschuldigten nächtens mit Leintüchern zudecken durften.

Bis 1987 wurden in dem Haus am Gedimino-Boulevard Menschen verhört und gefangen gehalten. Davon zeugen im Museum bis heute Handschellen und andere Utensilien aus der Zeit des **Kalten Krieges,** als sich Ost und West bis an die Zähne bewaffnet gegenüberstanden. Alte Dienstvorschriften, die in neuen Glasvitrinen liegen, berichten, wie sich die Geheimdienstler bei ungenehmigten Volksversammlungen zu verhalten hatten. Sogar den Arbeitsplatz eines

KGB-Agenten hat man detailgenau rekonstruiert. Kopfhörer, Schreibmaschine und Diktiergerät erinnern an die Zeiten, als keiner dem anderen traute.

Einen Stock höher verweist das Museum auf **Deportation** und **Judenvernichtung,** auf Zwangsarbeit und Verschleppung. Originale Kleidungsstücke erzählen von Menschen, die ihr Leben verloren haben. So mussten während der **Naziherrschaft** in Litauen 240.000 Menschen sterben, davon 200.000 Juden. 60.000 Menschen wurden als Zwangsarbeiter ins Hitler-Reich verschleppt. Während der Sowjetzeit mussten 20.000 bis 25.000 Menschen ihr Leben lassen, rund 130.000 wurden deportiert. Nüchterne Zahlen, hinter denen sich individuelle Schicksale verbergen.

❯ **Genocido aukų muziejus,** Aukų g. 2a, www.genocid.lt, Tel. 5 2497427, Mi.– Sa. 10–18, So. 10–17 Uhr, 6 Lt

㉗ NEUSTADT ★ [J6]

Über die **Grüne Brücke** am nördlichen Ende der Vilniaus gatvė kommt man in die Neustadt. Sie ist die älteste Brücke der Stadt und wurde 1536 als **gedeckte Holzbrücke mit Ladengeschäften** auf steinernen Pfeilern geschaffen. 1739 erhielt sie ihren bis heute namensgebenden grünen Anstrich. Mehrmals zerstört und immer wieder umgebaut ist sie wie nur wenige Brücken in Litauen mit großen **Skulpturen** geschmückt. Sie symbolisieren Soldaten, Arbeiter, Bauern und Wissenschaftler und stehen für die Säulen des alten Sowjetstaats: Landwirtschaft, Industrie, Bildung und Armee.

Stadtauswärts führt hinter der Brücke und vorbei an einer dem Erzengel Raphael geweihten Kirche eine in die

Jahre gekommene Ladenstraße zum **Europaplatz** [J6], dem modernen Zentrum der Stadt. Entlang des Konstitucijos-Boulevards stehen die höchsten **Wolkenkratzer** Litauens, bis zu 146 m hohe Bauten aus Stahl und Glas. Auch das neue Rathaus hat dort gegenüber einem riesigen Einkaufszentrum Platz gefunden. Mit dem **Europa** (s. S. 16) verfügt Vilnius über eine der modernsten Ladengalerien des Baltikums, einen mehrstöckigen Konsumtempel, der im Winter gut geheizt und im Sommer noch besser gekühlt ist. Viele großen Markenartikler – von Hilfiger bis Gant – haben hier ihre Zelte aufgeschlagen.

Zwischen Europaplatz und Nerisufer ist auch das neue **Radisson Blu Hotel Lietuva** (s. S. 123), das früher als Reval-Hotel firmierte, nicht zu übersehen. Seine **Sky Bar** im 22. Stock (täglich ab 17 Uhr geöffnet) bietet einen der schönsten Blicke

über die Stadt. An der Rückseite des Hotelriesen hat eine Großbank einen künstlichen Park angelegt, der ebenfalls einen schönen Blick auf die Altstadt gewährt – vor allem bei Sonnenuntergang.

Ein Stück weiter ist die **Nationale Kunstgalerie** (s. S. 32) zu Hause. Ein Museumsbau, der die wichtigsten Werke litauischer Kunst aus den letzten beiden Jahrhunderten beherbergt – und ein gemütliches Museumscafé. Am Flussufer selbst treffen sich die Einheimischen im Sommer zu Spiel und Sport.

▲ *Blick vom Burgberg: Die Neris trennt die Altstadt von der Neustadt mit ihren Hochhäusern und Bankpalästen*

❷❽ LITAUISCHES ENERGIE- UND TECHNIKMUSEUM ★ **[L7]**

Eine Dame weist den Weg zum **Litauischen Energiemuseum**. Weithin sichtbar steht sie auf dem Dach des alten Kraftwerks gleich hinter der Mindaugo-Brücke. Jahrzehnte wurde hier Strom erzeugt, heute sind die alten Turbinen und Kraftwerksanlagen museumsreif, ein Paradies für Technikfreunde. Alte Nähmaschinen, Staubsauger, Druckmaschinen und Fernsehapparate erzählen **Energiegeschichte**. Filme rücken altes Handwerk ins Rampenlicht, von der Glasbläserei bis zur Papierherstellung. Und auch die Solarenergie hat es längst ins Museum geschafft.

Blickfang des kleinen Museums aber sind die alten **Motor- und Fahrräder** sowie eine kleine Halle voller **Oldtimer** mit Holzlenkrädern und feinsten Ledersitzen. Veteran ist ein Ford aus dem Jahr 1915, dessen 4 Zylinder einst 70 km Höchstgeschwindigkeit garantierten. Mit dem schwarz-roten Studebacker Big Six reisten die vornehmen Herrschaften in den frühen 1920er-Jahren. Ein Augenschmaus ist der Lancia Astura Piniafarina Tipo 233 longo, mit dem man ein Jahrzehnt später unterwegs war – eine italienische Edelkarosse, deren acht Zylinder für Tempo 130 km/h sorgten. 15 l Benzin schluckte der Wagen auf 100 km, ein Liter weniger als der 6-Zylinder Mercedes Benz 230 aus dem Jahr 1939, der es damals auf 112 km/h Höchstgeschwindigkeit brachte. Richtig sparsam waren dagegen die ersten VW Käfer. Sie brauchten nur noch die Hälfte des Kraftstoffs, begnügten sich dafür aber mit 80 km Höchstgeschwindigkeit.

❯ **Lietuvos Energetikos ir Technikos Muziejus**, Rinktinės g. 2, Tel. 5 2782085, www.emuziejus.lt, Di.–Sa. 10–17 Uhr, 10 Lt

ENTDECKUNGEN IM UMLAND

❷❾ FERNSEHTURM ★ **[B7]**

Das höchste Gebäude von Vilnius ist eines der **Wahrzeichen** der Stadt, aber eigentlich nur bei **gutem Wetter** einen Besuch wert. Mit gut 326 m ist der 1980 errichtete Fernsehturm höher als der Eiffelturm, in 165 m Höhe befinden sich eine Aussichtsplattform und das Café-Restaurant Paukščių Takas (Milchstraße). Hier hat man die angenehmste Möglichkeit, ganz Vilnius und Umgebung **aus der Vogelperspektive** kennenzulernen.

Im Januar 1991 rückte der Fernsehturm ins Blickfeld der Weltöffentlichkeit, als russische Truppen **gewaltsam** gegen mehrere Tausend Menschen vor dem wichtigsten Sendemast im Land vorgingen, die sich dort zu einer **Unabhängigkeitsdemonstration** zusammengefunden hatten. Dabei wurden 13 Menschen getötet und über

041vi Abb.: gs

Tausend verletzt. Fast ein ganzes Jahr hielten die Sowjets damals den Fernsehturm besetzt. 12 Eichen und eine Linde – die Eichen stehen für die ums Leben gekommenen Männer, die Linde für die Frau – erinnern heute an die einstigen Auseinandersetzungen.

Besonders schön zeigt sich der Fernsehturm zur Advents- und Weihnachtszeit, wenn er sich festlich illuminiert als **weltgrößter Weihnachtsbaum** zeigt. Und auch Bungee-Springer nutzen ihn inzwischen.

❯ Televizijos Bokštas, Sausio g. 13/Osios g. 10, Tel. 5 2525333, www.lrtc.lt, tgl. 10–22 Uhr (letzter Einlass 21 Uhr), 21 Lt, Anreise: Trolleybus Nr. 1, 3 oder 16

㉚ GENOZID-GEDENKSTÄTTE PANERIAI ★

Fast 10 km südwestlich des Stadtzentrums liegt das kleine Haus, neben dem in den Jahren 1941 bis 1944 viele Zehntausend Menschen, vor allem Juden, von den Nationalsozialisten und ihren litauischen Schergen umgebracht wurden. An sie erinnern eine Ausstellung mit persönlichen Gegenständen und zwei Denkmäler. Das Haus ist eine Außenstelle des Staatlichen Jüdischen Museums.

❯ Panierių Memorialinis Muziejus, Agrastų g. 17, Tel. 5 2602001, März–Dezember: Mo., Do. und So. 9–17 Uhr. Anreise: Am besten mit dem Zug Richtung Trakai oder Kaunas bis zur ersten Haltestelle („Paneriai"). Von dort ca. 1 km Fußweg an der Bahnlinie entlang. Mit dem Auto auf der Savanorių gatvė in Richtung Kaunas bis zur Autobahn E28. Von dort der Ausschilderung folgen!

◀ *Blitzblanke Oldtimer gehören zu den Prunkstücken im Litauischen Energie- und Technikmuseum*

㉛ GEOGRAFISCHER MITTELPUNKT EUROPAS UND EUROPAPARK ★

Genau 26 km nördlich der Stadt wollen französische Wissenschaftler den geografischen Mittelpunkt Europas ausgemacht haben. Eine **Granitsäule** markiert den Punkt bei 54° 54' nördlicher Breite und 25° 19' östlicher Länge auf dem Burgberg Bernotai. Genau hier – unweit des Dörfchens **Purnuškės** – sollen sich die beiden Linien von Gibraltar zum Ural und von Kreta zum Nordkap kreuzen. Inzwischen haben aber **andere Berechnungen** den Mittelpunkt Europas ein paar Kilometer näher an die Stadt Vilnius gerückt!

Ebenfalls dem Mittelpunkt Europas ist ein **Skulpturenpark** vor den Toren der Stadt gewidmet. Er wurde 1991 auf Initiative des litauischen Bildhauers Gintaras Karosas gegründet, der hier europäischen Künstlern Raum zur Präsentation ihrer Kunst unter freiem Himmel geben wollte. Auf einer Fläche von 55 Hektar sind inzwischen **mehr als 100 bildhauerische Werke** ausgestellt, große und kleine Kunstwerke von mehr oder minder bekannten Künstlern aus über 34 Nationen. Für Kunstinteressierte werden Führungen in englischer Sprache angeboten. Vor allem im Sommer ist der Park ein populäres Ausflugsziel.

❯ Europos parkas (Europapark), Joneikiškiu k., Vilnius raj. (19 km nördlich von Vilnius), Tel. 5 2377077, www.europosparkas. lt, tgl. 10 Uhr bis Sonnenuntergang, 21 Lt, mit kleinem Restaurant. Anreise: Per Auto von Vilnius über die Kalvarijų gatvė bis zum Kreisel an der Santariškių gatvė, dort Richtung Žalieji Ežerai und dann den Schildern „Europos Parkas" folgen. Oder mit Bus Nr. 92 von der Haltestelle Zalgirio in der Kalvarijų gatvė stadtauswärts zum Europapark. Fahrtzeit ca. 25 Minuten.

■ PSYCHOTERROR IM SOWJETBUNKER

*25 km hinter Vilnius glaubt man sich beim Dorf Bezdonys in der alten Sowjetunion. Mitten in den Wäldern von Nemenčinė laden **unterirdische Bunker** zu einer Reise in die Vergangenheit. Ein sogenanntes „Überlebens-Drama", ein inszeniertes Spektakel, macht Besucher dort mit den sowjetischen Realitäten von einst bekannt. „1984" heißt das Eventtheater, das wegen seiner **Realitätsnähe** vor allem bei jungen Leuten beliebt ist.*

*Taschen, Handys und Kameras sind am Eingang abzugeben. Dafür werden die Besucher in russische Arbeitsklamotten gezwängt und **auf den Sowjetstaat eingeschworen**. Das Denken sei jetzt einzustellen, erklärt ein Lagerkommandant, das übernehme von jetzt an die Partei. Dann geht es zum Flaggenhissen ins Freie. Wer lacht, wenn die rote Sowjetfahne aufgezogen wird, muss Kniebeugen oder Liegestütze machen. Theater zum Anfassen ist das, **nichts für schwache Nerven!** Wer mitmacht, muss sich schriftlich auf die Show einlassen, auf Beleidigungen, Erniedrigungen und körperliche Attacken.*

„Camp des Überlebens - 1984" ist ein inszeniertes Stück Zeitgeschichte.

*Mit Schauspielern in den Rollen der Sowjets und maximal 40 Besuchern in den Rollen der „Bürger der Sozialistischen Sowjetrepublik Litauen". Schauplatz ist eine von den Sowjets erbaute **Bunkersiedlung**, in der im Falle eines damals nicht auszuschließenden Atomkrieges zwischen den USA und der Sowjetunion eine **Fernsehstation** ihren Betrieb aufnehmen sollte. Eine **autarke Siedlung**, atombombensicher mit Büros und Studios für den Ernstfall, 4 m unter der Erde und mit einer eigenen Wasser- und Stromversorgung.*

1991, auf dem Höhepunkt der litauischen Unabhängigkeitsbestrebungen, bezogen russische Truppen die Anlage, um zu verhindern, dass Freiheitskämpfer den potenziellen Sender nutzten. Wenige Monate später aber, mit dem Abzug der russischen Truppen aus Litauen, verschwand die komplette Sendeausstattung und Fledermäuse nisteten sich in dem zwei Hektar großen Areal ein.

Mit der Zeit gerieten die Bunker in Vergessenheit. 1996 wurden sie erstmals von einer Regierungskommission inspiziert, die hier ein Gefängnis einrichten wollte. Doch der Plan wur-

🔴32 KULTURRESERVAT KERNAVĖ ★ ★

Litauens Troja nennt der Volksmund die fünf Burghügel vor den Toren der Stadt. Sie sind mit die ältesten Siedlungsplätze des Landes und gehören seit 2004 zum UNESCO-Weltkulturerbe. Ein Museum präsentiert heute die archäologischen Zeugen der Vergangenheit, die hier in den letzten Jahrzehnten gefunden wurden.

In alten Chroniken findet Kernavė in der zweiten Hälfte des 13. Jahrhunderts als Hauptstadt des Fürstentums Litauen Erwähnung. Berühmt ist der 40 km nordwestlich der litauischen Hauptstadt gelegene Ort für seine **Burghügel**, die während der Eiszeit entstanden und auf denen später Litauens erste Fürsten residierten.

Von den alten Burgen ist heute nichts mehr zu sehen, allerdings eröffnet sich von den Hügeln, die durch

*de schnell verworfen. Danach nutzte das ungarische Fernsehen die Anlage als Kulisse für eine TV-Dokumentation. Schließlich entdeckten die **Theaterleute** die Bunker, die dort das Spektakel inszenierten.*

*War dem KGB-Terror einst keine Grenze gesetzt, so wird im litauischen Bunker-Spektakel niemand körperlich verletzt. **Erniedrigung** und **Demütigung** aber sind beabsichtigt, sollen sie doch spürbar machen, wie es sich damals unter sowjetischer Besatzung lebte. Doch es gibt auch andere Stimmen, die diesen „Gulag-Tourismus" als rein kommerzielle Show sehr kritisch sehen. Das scheinen auch die Macher des Spektakels inzwischen eingesehen zu haben, die jetzt auch **einfache Führungen** durch die Anlage anbieten, in der irgendwann auch ein eigenes Museum eingerichtet werden soll.*

★**99** *Sowjetbunker Bezdonys, im Wald von Nemenčinė, Tel. 69844220, www.sovietbunker.com. Auf Wunsch wird ein Transport von Vilnius zum Bunker organisiert. Die Theateraufführungen finden in russischer Sprache mit kurzen englischen Erklärungen statt.*

Wanderwege miteinander verbunden sind, immer wieder ein **schöner Ausblick** ins Tal und auf den Fluss Neris. Besonders belebt ist das Gelände zur Mittsommernachtsfeier Ende Juni und zu den „Tagen lebendiger Archäologie" Anfang Juli. Das riesige Reservat ist frei zugänglich. Ein Museum zeigt die schönsten der circa 20.000 bei verschiedenen Ausgrabungen gefundenen Stücke – darunter einmaligen Silberschmuck.

❯ **Valstybinis Kernavės Kulturinis Rezervatas,** Kerniaus g. 4a, Tel. 38247385, www.kernave.org. Geführte Touren durch das Ausgrabungsgelände werden von April bis Oktober zwischen 10 und 17.30 Uhr angeboten. Wegen Renovierungsarbeiten ist das Museum voraussichtlich bis Mitte/Ende 2011 geschlossen.

🟠 BURG TRAKAI ★ ★ ★

Trakai und seine Burg, die sich als Bild auf vielen Buchtiteln und Broschüren findet, ist eines der touristischen Aushängeschilder des Landes. Ein schöner Ausflug auch für alle Vilnius-Reisende, liegt Osteuropas einzig erhaltene Wasserburg doch sozusagen vor der Haustür der litauischen Landeshauptstadt. Mehrmals täglich bringen Busse oder Bahnen den Besucher aus Vilnius in einer guten halben Stunde in das Städtchen.

Schon im frühen Mittelalter war Trakai eines der wichtigsten politischen Zentren und Sitz der litauischen Großfürsten. Einer von ihnen errichtete Mitte des 14. Jh. zum Schutz gegen die Angriffe der Deutschordensritter eine erste Burg auf der Halbinsel, die heute das Städtchen beherbergt. Wenig später war auch die Burg auf der **Insel im Galve-See** fertig, die Moskowiter Truppen 1655 allerdings zerstörten. Erst im 19. Jh., mit dem Erwachen eines neuen Nationalbewusstseins, begannen Historiker, sich wieder für die alten Ruinen zu interessieren. Vor allem auch, weil Trakai als Symbol des erfolgreichen Widerstandes gegen die Ordensritter galt. Aber erst ab den 1950er-Jahren wurde die alte Burg nach und nach **wieder aufgebaut.**

Trakai lebt heute hauptsächlich vom **Tourismus.** Neben den Resten der alten Halbinselburg ist auch die

katholische Kirche sehenswert, eine
der ältesten Litauens. Ursprünglich
gotisch wurde sie im 17. und 18. Jh.
barockisiert. Blickfang im Inneren ist
ein vermutlich in Konstantinopel ge-
maltes, **mittelalterliches Marienbild.**

Beim Stadtbummel sind die vielen kleinen, **meist gelb gestriche-
nen Holzhäuser** auffallend. Sie werden zum Teil noch heute von den sogenannten **Karäern** bewohnt, einem
aus einer jüdischen Sekte hervor-
gegangenen strenggläubigen Volks-
stamm, der nur die Regeln des Alten Testaments akzeptiert. Aus ihrem
Leben erzählt auch eine interessante Dauerausstellung im **Museum der
Karäer** (Karaimų g. 22, Mi.–So. 10–
18 Uhr).

Die meisten Besucher zieht es freilich schnell zum **See**, der in strengen
Wintern zugefroren ist. Im Sommer
lädt er zu Dampferreisen, Tretboot-
oder Ruderfahrten. Ein schöner Pfad
führt schließlich zur **Burg**, die sich wie
ein Gemälde in die Bilderbuchland-
schaft fügt. Grüner Wald und blaues
Wasser bilden den Kontrast zur mäch-
tigen roten Burg, die man durch den
quadratischen Torturm betritt. Dahinter verbirgt sich der große Hof mit seinen meterhohen Mauern und die Vor-
burg, in denen einst die Burgwachen
wohnten, Waffen und Lebensmittel

lagerten. Heute ist im westlichen
Trakt ein Teil des **Historisches Museums** untergebracht. Der andere Teil
findet sich in der von einem tiefen
Graben umgebenen Hauptburg. Das
Museum illustriert die Geschichte der
Burg und des Litauischen Staates.
Im ersten Stock findet sich der sogenannte **Thronsaal** mit sehenswertem
Sterngewölbe. Fresken an der Wand
schildern das Leben der ehemaligen
litauischen Großfürsten. Einen herrli-
chen Blick über Seen und Insel bietet
schließlich der 33 m hohe **Burgturm.**

› **Museum Burg Trakai,** Kęstučio g. 4,
Tel. 5 2853946, www.trakaimuziejus.lt,
Mai–September: tgl. 10–19 Uhr, März,
April und Oktober: Di.–So. 10–18 Uhr,
November–Februar: Di.–So. 10–17 Uhr,
12 Lt (Fotografiererlaubnis: 4 Lt)

› **Touristeninformationszentrum Trakai,**
Vytauto g. 69, Tel. 5 2851934, www.
trakai.lt, Mo.–Fr. 8.30–17.30, Sa. 9–
15 Uhr

◂ *Die Burg in Trakai wirkt, als sei
sie direkt aus einem Bilderbuch*

AUSFLUG NACH KAUNAS

007vl Abb.: gs

ZUR RICHTIGEN ZEIT AM RICHTIGEN ORT

In Kaunas schlägt das litauische Herz am heftigsten und weil die Balten Musik über alles lieben, dominieren die Musikfestivals den Veranstaltungsreigen. Operette und Musical, Jazz und Folklore, klassische und zeitgenössische Klänge, ernste, aber auch unterhaltende Musik stehen fast das ganze Jahr über auf dem Programm.

> **Kaunas Jazz Festival:** Internationale Veranstaltung mit über 20-jähriger Tradition (April, www.kaunasjazz.lt)

> **Tag der Stadt Kaunas:** Kulturfestival auf den Plätzen und Straßen der Stadt. Erinnerung an die Verleihung der Stadtrechte anno 1463 (Mai, www.kaunodienos.lt).

> **Musikfestival Pažaislis:** Drei Monate lang gastieren Orchester und zum Teil weltbekannte Sänger und Sängerinnen im Kloster Pažaislis (Juni–Aug., www.pazaislis.lt).

> **Operette auf der Burg Kaunas:** Operetten, aber auch Musicals mit internationaler Besetzung (Juli, www.operetta.lt)

> **Hansetage Kaunas:** Traditionelles Fest der einzigen Hansestadt in Litauen, großer Markt und viel Folklore (August, www.kaunastic.lt)

DIE HIGHLIGHTS VON KAUNAS

Ein Tag ist meist ausreichend, um Kaunas zu entdecken. Zwar ist die Stadt mit ihren rund 360.000 Einwohnern Litauens zweitgrößte Gemeinde, touristisch interessant sind aber eigentlich nur die **Altstadt** mit einigen sehenswerten Gotteshäusern und gotischen Gemäuern – und einige Teile der sich anschließenden **neuen Stadt**. Mit **Teufelsmuseum ㊹**, **Čiurlionis-Kunstmuseum ㊸** und **Mykolas-Žilinskas-Kunstgalerie** (s. S. 92) liegen die touristisch bedeutsamen Museen zudem dicht beieinander.

Tag zwei sollten Kaunas-Besucher deshalb der **Umgebung** widmen. Dem neu renovierten, wirklich sehenswerten **Kloster Pažaislis ㊼** zum Beispiel, einem barocken Juwel unweit eines schönen Sees, oder dem weitläufigen **Freilichtmuseum Rumšiškės ㊽**, in dem man leicht einen ganzen Tag verbringen kann. Einen Abstecher ist auch eine der größten baltischen Shoppingzonen wert, der **URMAS-Markt** (s. S. 86) am Stadtrand. Kaunas pur ist das, Litauen wie es leibt und lebt!

KAUNAS FÜR CITYBUMMLER

Wo Memel (Nemunas) und Neris, die beiden wichtigsten Flüsse des Landes, zusammenfließen, liegt Kaunas, eine Industriestadt, heute vor allem aber auch eine Metropole der Wissenschaft, Kultur und Bildung. Auch der Sport wird hier mindestens so groß geschrieben wie in Vilnius. So stellt Kaunas eine der besten Fußballmannschaften Litauens und eines der renommiertesten Basketballteams Europas.

◀ *Vorseite: Der sogenannte „Weiße Schwan", das alte Rathaus ㉟, ist das Wahrzeichen der Altstadt von Kaunas*

DAS GIBT ES NUR IN KAUNAS

› **URMAS:** *Mehr als 2000 Händler warten auf Kundschaft! Vor den Toren der Stadt liegt einer der größten Märkte des Baltikums, eine Mischung aus Basar und Shoppingcenter. Hier findet sich alles, was man sucht: vom Kaviar bis zum Büstenhalter made in China (s. S. 86).*

› **Historische Standseilbahnen:** *Eine Kurzreise in die 1930er-Jahre! Die damals konstruierten Standseilbahnen sind noch heute im Einsatz. Gemütlich schaffen ihre Mini-Waggons Besucher und Einheimische auf die grünen Hügel im Norden und Süden der Stadt (s. S. 97).*

㊹ *[ei]* **Teufelsmuseum:** *Der Herr des Bösen lädt ein! Über mehrere Etagen erzählt die Sammlung eine diabolische Kulturgeschichte. Abbildungen des Leibhaftigen füllen viele Dutzend Vitrinen. Es gibt Exponate aus aller Welt, über Jahrzehnte zusammengetragen.*

㊽ **Freilichtmuseum Rumšiškės:** *Litauen en miniature! Viele Dutzend Bauernhöfe, Häuser und Kapellen, Bildstöcke und Wohnstuben geben auf einem wunderschönen Freizeitgelände Einblick in den Alltag von anno dunnemals. Ein Ausflug, der sich lohnt – im Sommer wie im Winter.*

Weil neun von zehn Einwohnern waschechte Litauer sind, gilt Kaunas als die **typischste Großstadt des Landes.** Ihr fehlt die weltmännische Komponente der Hauptstadt Vilnius, dafür schlägt hier das **Herz Litauens** stärker, das vielleicht größte Kapital der Stadt. In vielen Museen hat das Volk seinen nationalen Stolz konserviert, Theateraufführungen, Musikfestivals, Tanztreffen und Dichterlesungen halten ihn am Leben. Kaunas ist Litauen pur. Ihm fehlt die Business-Attitüde des Nachbarn Vilnius, auch die Hektik und Großspurigkeit, dafür fühlt sich die Stadt deutlich jünger an als der Nachbar, was vor allem an den rund **50.000 Studenten und Schülern** liegt, die Schulen, Universitäten, Akademien, Fachhochschulen und Institute während der Semester bevölkern.

Touristisch am interessantesten ist die **Altstadt** mit der **Burg**, dem **Rathausplatz** und den angrenzenden Gassen. Und nicht versäumen sollte man einen Bummel durch die ca. 2,5 km lange **Fußgängerzone**, die sich quer durch die Stadt zieht. Ansonsten sollte man sich treiben lassen, neugierig von Kirchen zu Cafés spazieren, von kleinen Galerien zu größeren Museen, denn ein Spaziergang durch Kaunas ist vor allem eine Entdeckungsreise.

Verlaufen kann man sich so gut wie nicht! Die Altstadt ist klein und übersichtlich, die neuere Stadt wie ein Schachbrett angelegt. **Laisvės alėja** heißt die wichtigste Ost-West-Achse, ein von Bäumen gesäumter Boulevard mit Museen und Theatern, Kinos und Geschäften, Cafés, Restaurants und Boutiquen, Hotels, Banken und Fast-Food-Läden.

Wer sich einen Überblick über Kaunas verschaffen will, dem sei – vor allem im Sommer und bei klarer Sicht – ein Ausflug auf die südlich oder nördlich der Stadt gelegenen **Hügel**

Litauens Einkaufsstädtchen

Mehr als 2000 Händler bieten im URMAS täglich mehr als 20.000 Besuchern auf 70.000 m² Fläche beste Einkaufsmöglichkeiten. Nirgends sonst ist die **Auswahl** größer. Aus ganz Litauen kommen die Kunden, aber auch aus Lettland, Polen und Russland. Frischen Fisch, Gemüse, Obst und Fleisch bieten die Händler auf dem Markt, aber auch Hemden für 5 €, Lederjacken für 10 €, Jeanshemden für 15 €. Wer will, kann mit den Händlern um **Preise** feilschen, vieles ist Verhandlungssache. Das gilt vor allem für Antiquarisches, so gibt es seit Neustem einen Secondhandbuchladen und einen kleinen täglichen Flohmarkt, der neben Kitsch und Kunst selbst deutsche Polizeiuniformen und alte Wehrmachtshelme im Angebot hat. Woher die Sachen stammen, will keiner so genau wissen!

Publikumsrenner sind die viermal jährlich stattfindenden **Antikmärkte**, zu denen jeweils über 100.000 Besucher kommen. Wer alle Marktstände besuchen will – so haben kluge Leute ausgerechnet –, braucht mindestens vier Stunden. Für kleine Pausen bieten sich Schnellimbisse, Restaurants und Cafés an. Und für alle Nostalgiker sind die blitzblank gewienerten Traktoren und Dampfmaschinen, die als Zierde auf dem Gelände stehen, allein schon einen Besuch wert. Fast 3000 Parkplätze gehören zu dem Terrain am Stadtrand, die oft nicht reichen.

🔖**103** URMAS, Pramones pr. 16, Tel. 37 350662, www.urmas. net, Mo.–Fr. 9–18, Sa. 9–17, So. 9–15 Uhr. Vom Stadtzentrum verkehren Minibuslinien zum Einkaufszentrum (Linie 14, 16, 21, 24).

empfohlen. In Minutenschnelle bringen uralte Standseilbahnen (s. S. 97) den Besucher in die Höhe, von wo man einen einmaligen Blick auf das **historische Kaunas** mit seinen alten Kirchen und Klöstern und auf die erst im 19. Jh. angelegte **Neustadt** mit ihren Museen und sozialistischen Prachtbauten hat.

Ein oder zwei Tage reichen eigentlich völlig aus, um die Stadt und ihre Umgebung kennenzulernen. Vilnius-Besucher können dies dank schneller Schienenverbindungen sogar bei einem **Tagesausflug**. Und für alle Flugreisende, die in Kaunas starten und landen, bietet es sich an, den Anreise- oder Abreisetag in der Stadt zu verbringen.

KAUNAS FÜR KAUFLUSTIGE

Natürlich kann sich Kaunas als Einkaufsstadt nicht mit Vilnius messen, das seinerseits mit den Metropolen Europas zu konkurrieren versucht. Man findet aber auch in Kaunas sicherlich das eine oder andere Souvenir, und dies unter Umständen sogar viel preiswerter als in Vilnius. Kleine **Galerien** und **Kunsthandwerksläden** in der Altstadt – etwa in der vom Rathausplatz abzweigenden M. Valančiaus gatvė [bj/cj] oder in der Vilniaus gatvė [cj] – bieten Ausgefallenes und Schönes. Leider hat die Haupteinkaufsstraße, die **Laisvės alėja**, durch den Bau des mehrstöckigen Einkaufszentrums **Akropolis** mit seinen über 250 Anbietern an Attraktivität verloren. Auf alle Fälle einen Besuch wert ist der Markt **URMAS** (s. S. 86) am Rand der Stadt, einer der größten im Baltikum.

043vl Abb.: gs

EINKAUFSZENTREN

100 [fk] **Akropolis,** Karaliaus Mindaugo pr. 49, Tel. 61149756, www.akropolis. lt, tgl. 8–23 Uhr. Riesiges Einkaufsparadies im Stadtzentrum mit mehr als 2000 Parkplätzen. Kleine und große Geschäfte, Restaurants, Kino und Cafés. Die Eislaufarena lockt im Sommer mit kräftigen Rabatten.

101 Mega, Islandijos pl. 2, Tel. 37 239000, www.mega.lt, tgl. 10–22 Uhr. Außerhalb der Stadt gelegenes Einkaufszentrum mit spektakulärem Aquarium. Neben tropischen Fischen ziehen dort auch Haie ihre Runden und werden werktags um 17 Uhr (samstags 13 Uhr) gefüttert. Anfahrt: Bus 21 und 38.

MARKT

102 [hl] **Stoties Turgus (Bahnhofsmarkt),** M. K. Ciurlionio g. 25, Tel. 37 220526, tgl. 7–21 Uhr. Klassischer Markt, auf dem fast alles angeboten wird: vom hausgemachten Honig bis zur Unterhose made in China. Vorsicht Taschendiebe!

AUSGEFALLENE EINKAUFSIDEEN

104 [bj] **Balta Galerija,** M. Valančiaus g. 21, Tel. 37 200885. Kleine, auf textile Handarbeiten spezialisierte Galerie mit künstlerischem Anspruch.

105 [bj] **Galerija Spalvu paslaptys,** M. Valančiaus g. 12–19, Tel. 37 425500. Kleine Boutique mit individuellem Kunsthandwerk, vor allem Keramik.

106 Jaukus Namai, Juozapavičiaus pr. 21, Tel. 37 740634, www.kimono.lt, Mo.–Fr. 10–18, Sa. 10–15 Uhr. Auf exklusive Textilhandarbeiten spezialisierter Familienbetrieb. Kissen, Tischdecken und alles, was das Leben schöner macht. Außerhalb des Stadtkerns, dafür stimmt das Preis-Leistungs-Verhältnis!

107 [gk] **Studija Ornamentai,** Gedimino g. 15, Tel. 37 202911, Mo.–Fr. 10–18, Sa. 10–16 Uhr. Kunsthandwerksgalerie in der Stadtmitte, Seidenmalereien, Wollarbeiten und andere Textilien.

▲ *Jaukus Namai bietet exklusive Textilhandarbeiten*

KAUNAS FÜR GENIESSER UND NACHTEULEN

Kaunas ist zwar nicht Vilnius, denn in der Stadt fehlt das internationale Publikum, verstecken muss man sich hier aber nicht, auch nicht, was die **Gastronomie** oder das **Nachtleben** betrifft. Letzteres liegt vor allem auch an den vielen Zehntausend **Studenten**, die nicht nur an den Wochenenden Klubs und Diskotheken beleben.

Auch **Genießer** müssen keinen Bogen um Kaunas machen, auch wenn einzelne Reisemagazine die Küche der Stadt immer wieder madig machen wollen. Restaurants wie das Diverso strafen längst alle Kritiker Lügen und rund um den Rathausplatz überrascht das Sadute mit internationaler Küche und das Medziotoju Uzeiga mit feinen Wildspezialitäten. Mit dem Restaurant Avilys hat Kaunas außerdem seine eigene Brauerei.

PREISKATEGORIEN

Preise für ein Menü inklusive Vorspeise, Hauptgericht und Nachspeise ohne Getränke (pro Person).

€	bis 10 €
€€	bis 25 €
€€€	ab 25 €

EMPFEHLENSWERTE RESTAURANTS

108 [cj] **Avilys** €€, Vilniaus g. 34, Tel. 37 203476, www.avilys.lt, So.–Do. 12–24, Fr.–Sa. 12–2 Uhr. Restaurant und Klub in einem. Hin und wieder Livekonzerte. Geschätzt wegen der Biere aus der hauseigenen Brauerei.

109 [cj] **Crazy House** €-€€, Vilniaus g. 16, Tel. 37 321434, www.crazyhouse.lt, So.–Do. 11–24, Fr.–Sa. 11–2 Uhr. Spukhaus und Restaurant in einem! Ab 18 Uhr wackeln gelegentlich die Tische und das Servicepersonal verkleidet sich. Um ein Bier zu bestellen, drückt man eine Autohupe. Vielleicht nicht jedermanns Geschmack, vor allem, wenn bierselige Gruppen hier einfallen!

❭ **Daugirdas** €€, im gleichnamigen Hotel (s. S. 123), www.daugirdas.lt, Tel. 37 301561, tgl. geöffnet 12–24 Uhr. Hotel-Restaurant in einem gotischen Keller. Lobenswert ist die Weinkarte mit acht offenen Weinen!

044vl Abb.: gs

◀ *Der Rathausplatz* **35** *ist im Sommer Treffpunkt der abendlichen Citybummler*

> **Diverso** €€–€€€, im Hotel Park Inn (s. S. 124), Tel. 37 306226, tgl. 7–23 Uhr. Empfehlenswertes Hotel-Restaurant in der Neustadt. Zu empfehlen sind Hühnchen und Kaninchen.

110 [bj] **Medziotoju Uzeiga** €€–€€€, Rotušės a. 10, Tel. 37 320956, www.medziotojai.lt, tgl. 11–24 Uhr. Beliebtes Restaurant am Rathausplatz, empfehlenswerte Wildspezialitäten sind *Sernienos* (Wildschwein), *Stirnienos* (Hirsch) und *Elnienos* (Elch).

> **Perkūno Namai** €–€€, im Perkūno Namai Park Hotel (s. S. 124), tgl. 12–23 Uhr. Vor allem im Sommer wegen des schönen Gartens gern besuchtes Hotel-Restaurant.

111 [cj] **Senieji Rusiai** €€–€€€, Vilniaus g. 34, Tel. 37 202806, www.seniejirusiai.lt, So.–Do. 12–24, Fr.–Sa. 12–2 Uhr. Schönes Kellerlokal mit 120 Plätzen, Gegrilltes bei Kerzenlicht und umfangreiche Weinkarte!

Essen mit Aussicht

118 Combo, €–€€, Raudondvario g. 107, Tel. 61440029, www.combo.lt, Mo. 11–15, Di.–Do. 11–18, Fr. 11–3, Sa. 18–3 Uhr, So. 11–18 Uhr. Ein am Memel-Ufer gelegenes Klub-Restaurant mit schönem Blick auf die Stadt. Freitag und Samstag auch Partyklub mit DJs oder Livemusik!

Dinner for One

119 [bj] **Sadute** €€–€€€, Rotušės a. 4, Tel. 37 207233, www.sadute.lt, Mo.–Do. 9–24, Fr. 9–2, Sa. 11–2, So. 11–22 Uhr. Geschmackvoll eingerichtetes Restaurant mit guter Küche in einem der ältesten Häuser der Stadt. Litauische und internationale Küche mit regionalen Produkten, im Sommer schöne Außenterrasse. Hier kann man auch gut alleine essen gehen.

112 Svarstykles €, T. Masiulio g. 18e, www.pazaislisparkhotel.eu, Tel. 61463664, So.–Do. 10–23, Fr.–Sa. 10–25 Uhr. Geschäfts- und Ausflugslokal nicht weit vom Kloster Pazaislis mit sehr gutem Preis-Leistungs-Verhältnis (dreigängiger *business lunch* 15 Lt).

FÜR DEN KLEINEN HUNGER

113 [ei] **Kipsas** €, V. Putvinskio 64, Tel. 69870098, Mo.–Fr. 11–17 Uhr. Eine Art Kantine im Haus des Teufelsmuseums. Etwas versteckt gelegen, dient es vor allem als Mittagspausenlokal, preiswert und deshalb bei den Einheimischen sehr beliebt.

114 [fj] **R.Kiosk** €, Laisvės al. 57, Tel. 68785933. Mo.–Sa. 7.30–20.30, So. 8–20 Uhr. Kleiner Kiosk mit Sandwichbar.

115 [cj] **Suppa Sriubytes Verdome** €, Vilniaus g. 13, Tel. 37 206657, tgl. 8.30–20 Uhr. Kleines Suppenparadies mit unschlagbaren Niedrigstpreisen.

▲ *Das Restaurant Medziotoju Uzeiga am Rathausplatz ist für seine Wildspezialitäten bekannt*

046vl Abb.: gs

CAFÉS

⊖**116** [bj] **Kavos Klubas,** M. Valančiaus g. 19, Tel. 37 229669, Mo.–Sa. 9–23, So. 9–19 Uhr. Gemütliches Café mit schöner Sommerterrasse unweit des Rathausplatzes mit Kuchen und einfachen Speisen.

⊖**117** [cj] **Vero Cafe,** Vilnius g. 18, Tel. 60714728. Mo.–Fr. 7.30–22, Sa. 10–23, So. 10–21 Uhr. Einladendes Café in der Fußgängerzone. Die Ladenkette unterhält im Einkaufszentrum Akropolis und in der Laisves alėja weitere Cafés. WLAN-Hotspot.

BARS, KLUBS UND DISCOS

⊖**120** [gk] **Amerika Pirtyje,** Vytauto pr. 71, Tel. 37 201489, www.amerika.lt, Do.–Sa. 21–3 Uhr. Tanztempel mit mehreren Bühnen, zum Teil auch Konzerte.

⊖**121** [dj] **BarBar'a,** Vilniaus g. 56, Tel. 61222522, www.barbarabar.lt. Do. 22–3, Fr.–Sa 22–5 Uhr. Beliebte Disco-Bar mit etwas verstecktem Eingang. Im Angebot sind mehr als 50 verschiedene Cocktails und Tanz bis zum Morgengrauen.

⊖**122** [ej] **Exit,** Maironio g. 19, Tel. 37 202813, www.exit.lt, Sa. 22–6 Uhr. Angesagter Tanzklub mit mehreren Bühnen. Beliebt vor allem bei der Jugend.

❭ **Ginger Bar,** im Hotel Park Inn (s. S. 124), Mo.–Fr. 8–24, Sa.–So. 11–24 Uhr. Gepflegte Bar und ein guter Platz für einen Absacker!

⊖**123** [cj] **Latino Baras,** Vilnius g. 22, Tel. 37 200311, www.latinobaras.lt, Fr.–Sa. 21–4 Uhr. Salsa und Merengue satt – Südamerika in Kaunas!

⊖**124** **Papa Jazz,** Savanorių pr. 178, Tel. 67260020, www.papajazz.lt, Mo.–Do. 11–23, Fr. 11–1, Sa. 12–1 Uhr, Edelrestaurant und Jazzklub, hin und wieder mit Livemusik.

⊖**125** [ej] **Pop Star Bar,** Vasario 16/Osios g. 2, Tel. 37 407419, www.popstarbar.lt, Fr.–Sa. 22–4 Uhr. Beliebte Wochenenddisco, Musik von Disco bis House.

▲ *Die Kaffeehauskette Vero Cafe unterhält gleich drei Filialen in Kaunas*

KAUNAS FÜR KUNST- UND MUSEUMSFREUNDE

Die fast 40 großen und kleinen Museen von Kaunas bilden eine Art **litauisches Gedächtnis**. Die meisten von ihnen sind **nationalen Entwicklungen** z. B. in der Kommunikation oder Medizin, der Luftfahrt, dem Sport, der Literatur oder der Musik gewidmet. Andere dienen dem **Andenken litauischer Künstler**, die bei uns zwar weitgehend unbekannt, den Einheimischen aber besonders ans Herz gewachsen sind, so wie M. K. Čiurlionis, ein abstrakter Maler und Komponist, an den ein eigenes großes Museum erinnert. Um den Genozid während der **Nazizeit** und die während der **russischen Besatzung** verübten Gräuel geht es im Museum im Fort oberhalb der Stadt und der populärste Ausstellungsraum ist das **Teufelsmuseum,** das mehr als tausend diabolische Figuren und Werke zeigt. In vielen Museen sind die Exponate nur mit **litauischer Beschilderung** versehen, manche auch mit englischer, Schilder in deutscher Sprache gibt es so gut wie nie. Sprachliche Hürden gilt es meist auch beim **Theaterbesuch** zu überwinden, Oper und Operette, Musical und Puppentheater sind aber fast immer verständlich. Und für ein **Konzert** in einem der zahlreichen Musentempel der Stadt braucht es ebenfalls keinen Dolmetscher.

Museen, die mit einer magentafarbenen Nummer (**43**) als Hauptsehenswürdigkeit ausgewiesen sind, werden im Abschnitt „Kaunas entdecken" ausführlich beschrieben. Dort finden sich auch alle praktischen Informationen wie Adresse, Öffnungszeiten, Eintritt usw.

MUSEEN

43 [ei] **Čiurlionis-Kunstmuseum (M. K. Čiurlionio Valstybinis Dailės Muziejus).** Nationale Kunstgalerie, die vor allem dem Werk des bekannten litauischen Malers und Komponisten Mikalojus Konstantinas Čiurlionis gewidmet ist. Seine wichtigsten Gemälde haben hier neue Heimat gefunden, aber auch seine Musik, die Museumsbesuchern vorgespielt wird.

126 [gj] **Gemäldegalerie Kaunas (Kauno Paveikslų Galerija)**, K. Donelaičio g. 16, Tel. 37 221779, Di.–So. 11–17 Uhr, 4 Lt. Moderne Kunst, meist Werke aus dem 20. Jh. von Litauer Künstlern. Besonders breiten Raum nehmen die Arbeiten des in Kaunas geborenen Fluxus-Pioniers George Mačiūnas ein.

127 [bj] **Keramikmuseum (Keramikos Muziejus)**, Rotušės a. 15, Tel. 37 203572, Di.–So. 11–17 Uhr, 4 Lt. Im Keller des alten Rathauses informieren Steine und Ziegel über traditionelles Handwerk, gelegentlich gibt es Wechselausstellungen.

128 Litauisches Luftfahrtmuseum (Lietuvos Aviacijos Muziejus), Veiverių g. 132, Tel. 37 295547, www.lam.lt, Di.–Sa. 9–17 Uhr, 4 Lt. Alte Sowjet-Hubschrauber und Kleinflugzeuge, lohnt sich eher für speziell Interessierte.

129 [bk] Litauisches Sportmuseum (Lietuvos Sporto Muziejus), Muziejaus g. 7, Tel. 37 209820, Di.–So. 10–17 Uhr (am letzten Donnerstag im Monat geschlossen), 2 Lt. Kleines Museum, das international erfolgreiche Athleten aus Litauen feiert.

130 [ck] Litauisches Volksmusikmuseum (Povilo Stulgos Lietuvių Tautinės Muzikos Instrumentų Muziejus), L. Zamenhofo g. 12, Tel. 37 422295, Di.–Sa. 10–18 Uhr (Okt.–März 10–17 Uhr), 4 Lt. Kleine, aber feine Sammlung litauischer, aber auch anderer Musikinstrumente.

131 [fj] **Militärmuseum Vytautas (Vytauto Didzioji Karo Muziejus)**, K. Donelaičio g. 64, Tel. 37 320939, Di.–So. 11–17 Uhr (jeden letzten Donnerstag im Monat geschlossen), 2 Lt. Militärhistorische Sammlung, die eher für Fachleute von Interesse ist.

132 [bj] **Museum für Kommunikationsgeschichte (Ryšių Istorijos Muziejus)**, Rotušés a. 19, Tel. 37 424920, www.rysiumuziejus.teo.lt. Mi.–So 10–18 Uhr, 5 Lt. Bücher, Briefmarken, Telefone, Radios und Computer erzählen Kommunikationsgeschichte.

133 [bj] **Museum für Medizin und Pharmazie (Medicinos ir Farmacijos Istorijos Muziejus)**, Rotušés a. 28, Tel. 37 201569, Di.–Sa. 10–18 Uhr, 4 Lt. Bücher, Fläschchen, Medikamentenpackungen u. a. Ausstellungsstücke erzählen litauische Medizingeschichte.

45 **Museumsmonument Fort IX.** In einer der größten osteuropäischen Festungsanlagen, die zeitweise auch als Gefängnis und Folterkammer genutzt wurde,

Wodka-Museum

Stumbras ist der Name eines der wichtigsten Spirituosenproduzenten des Baltikums. Der aus einer staatlichen Wodka-Destillerie hervorgegangene Betrieb unterhält seit Kurzem ein kleines Museum, das über die Geschichte hochprozentiger Alkoholika im Land informiert. Und natürlich kommt jeder Museumsbesucher, der will, auch in den Genuss, die aktuellen Firmenprodukte zu kosten.

136 [hl] **Stumbras-Museum (Stumbro Muziejus)**, K. Būgos g. 7, Tel. 68694388, www.stumbras.eu, Mo.–Fr. 12–16 Uhr. Geführte Touren nur für Besucher ab 18 Jahren (auch auf Englisch), ab 18 Lt. Voranmeldung nötig!

erinnert ein Museum an die Gräuel, die Sowjets und Nazis hier verübten.

134 [gj] **Mykolas-Žilinskas-Kunstgalerie (Mykolo Žilinsko Dailés Muziejus)**, Nepriklausomybés a. 12, Tel. 37 222853, Di.–So. 11–17 Uhr, 6 Lt. Privatsammlung des Kunstmäzens Žilinskas (1904–1992) mit fast 1500 Gemälden, Plastiken, Porzellan und anderen Kunstwerken, deren Echtheit zum Teil umstritten ist.

40 [dj] **Präsidentenpalast (Istorinė LR Prezidentura).** Historische Ausstellungsstücke erinnern an die Zeit der Ersten Litauischen Republik und die drei Präsidenten, die von Kaunas aus das Land regierten. Teil des Litauischen Nationalmuseums **5**.

135 [cj] **Stadtmuseum Kaunas (Miesto Muziejus)**, M. Valančiaus g. 6, Tel. 37 322584, Di.–Fr. 10–17 Uhr. Von den Anfängen bis zur Gegenwart erzählen Gemälde, Fotografien und andere Gegenstände aus der Stadtgeschichte. Beachtenswert sind die Möbel und persönlichen Hinterlassenschaften des letzten Kardinals aus Kaunas.

44 [ei] **Teufelsmuseum (Velnių Muziejus).** Viele Tausend Teufelsdarstellungen (Gemälde, Bilder, Holzschnitzereien, Keramik, Spielzeug, Fastnachtsfiguren etc.) sind im populärsten Museum der Stadt zu sehen. Auch Hitler und Stalin, die mit Litauen einst ihr teuflisches Spiel trieben.

137 [dj] **Zoologisches Museum (Zoologijos Muziejus)**, Laisvés al. 106, Tel. 37 229675, Di.–So. 11–19 Uhr, 5 Lt. Ausgestopfte Tiere und biologische Seltenheiten.

THEATER UND KONZERTE

138 [cj] **Kleines Theater Kaunas (Kauno mažasis teatras)**, M. Daukšos g. 34, www.mazasisteatras.lt, Tel. 37 226090. Kleines Haus mit aktuellen Inszenierungen.

⟳**139** [cj] **Tanztheater „Aura" Kaunas** (Kauno šokio teatras „Aura"), M. Daukšos g. 30a, Tel. 37 202062, www.aura.lt. Einziges professionelles Tanztheater in Litauen, das auch Festivals organisiert – etwa das „Internationale Festival modernen Tanzes" (Infos unter www.dance-festival.lt).

⟳**140 Pantomimentheater Kaunas** (Pantomimos Teatras), Kovo 11-osios g. 26, www.kaunopantomimosteatras. tinkle.lt, Tel. 37 423668. international renommiertes Profi-Ensemble mit gut zwei Dutzend Stücken im Repertoire.

⟳**141** [ej] **Puppentheater Kaunas** (Kauno Lėllų Teatras), Laisvės al. 87, Tel. 37 221691, www.kaunoleles.lt. Die Bühne spielt in der Regel für Kinder, seit Neuestem gibt es aber auch Stücke für Erwachsene. Zugehörig ist ein kleines Museum.

⟳**142** [ej] **Staatliches Musiktheater Kaunas** (Kauno Valstybinis Muzikinis Teatras), Laisvės al. 91, Tel. 37 228784, www.muzikinisteatras.lt. Ältestes litauisches Theater mit mehreren Bühnen. Im Angebot sind Opern, Operetten und Musicals.

⟳**143** [ej] **Staatstheater Kaunas** (Kauno Valstybinis Dramos Teatras), Laisvės al. 71, www.dramosteatras.lt, Tel. 37 224064. Klassisches Schauspielhaus in der City.

AM PULS DER STADT

„Kaunas", spottet man in Vilnius, „ist nur ein Tankstopp auf dem Weg nach Klaipeda", ein Haltepunkt also auf der Fahrt zur Ostseeküste, aber keine Stadt, die Beachtung verdient. Hinter diesen Worten verbirgt sich ein gewisses Maß an Hochmut, vor allem aber auch ein unterschwelliger Neid auf eine Stadt, die mehr als Vilnius die Seele des Landes verkörpert. Während in der Hauptstadt die Internationalität regiert, versteht sich Kaunas als die eigentliche litauische Metropole: Neun von zehn Bürgern sind geborene Litauer und fast ausnahmslos alle Einwohner sind Katholiken, was die Stadt ebenfalls prägt. Politisch gibt sich Kaunas konservativ mit hin und wieder liberalem Anstrich – ganz im Gegensatz zur eher links orientierten Hauptstadt.

Die Unabhängigkeit Litauens, von der wirtschaftlich vor allem Vilnius profitierte, hat in Kaunas weniger Früchte getragen, was auch an vielen, noch immer **nicht endgültig geklärten Eigentumsverhältnissen** liegen mag, an den Besitzansprüchen von Alteignern, die jetzt Häuser und Grundstücke für sich reklamieren. Viele stattliche Bauten harren so der Dinge und ihrer Renovierung entgegen.

Große Probleme hat der Industriestadt, die zur Sowjetzeit wegen ihrer Rüstungsindustrie für ausländische Besucher zeitweise nur schwer oder gar nicht zugänglich war, auch die **Umstellung** vom Sozialismus auf den Kapitalismus bereitet. Zehntausende verloren ihre Jobs und auch heute noch ist die **Arbeitslosenquote** in Kaunas deutlich höher als in Vilnius – selbst wenn sie längst nicht so hoch ist wie auf dem Land. Auch die **öffentlichen Kassen** sind in Kaunas leerer als in Vilnius, was man zum Beispiel vielen Museen ansieht.

Abgesehen vom Wochenende ist das **Nachtleben** in Kaunas weit weniger aufregend als in der Metropole Vilnius, was man nicht zuletzt an den Fahrzeiten der städtischen Busse sieht. Während in Kaunas die letzten gegen 22 Uhr unterwegs sind, kann man in der weltstädtischen Landeshauptstadt werktags noch mindestens eine Stunde länger fahren. Gemeinsam ist beiden Städten dagegen ein **alter Stadtkern**, an den sich eine **Neustadt** anschließt, dazu kommen vor den Toren der Stadt **Trabanten-siedlungen**, in denen die Massen leben, Schlaf- und Wohnstätten, die touristisch wenig oder keine Relevanz haben.

Aber auch in Kaunas ist die neue Zeit nicht zu übersehen: Die **Vytautas-Brücke** **38** wurde ebenso **renoviert** wie viele Gotteshäuser und auf der Memel-Halbinsel entsteht derzeit **eine der größten Sporthallen des Baltikums**, die Basketballern und Handballern neue Heimstatt sein wird. Alte **Hotels** aus sozialistischer Zeit wurden und werden von privaten Investoren aufgemöbelt, engagierte Köche verleihen **Restaurants** neuen Glanz. Der Dornröschenschlaf, in dem Kaunas lange Jahre touristisch steckte, ist zu Ende.

KAUNAS ENTDECKEN

ALTSTADT

Die Altstadt ist das Herz von Kaunas und touristisch am interessantesten. Auf der Landspitze zwischen den Flüssen Memel (Nemunas) und Neris findet sich mit der Burg ihr ältester Teil, aber auch das alte Rathaus, Kirchen und andere Bauten aus dem Mittelalter sind Zeugen der Stadtgeschichte. Wer hier über gepflasterte Straßen und Plätze flaniert, könnte manchmal meinen, die Zeit sei stehengeblieben, denn bis heute haben Gotik und Barock ihre Spuren hinterlassen, die ältesten findet man in den Kellern der Häuser.

▶ *Hohe dicke Mauern prägen die alte Burg von Kaunas*

34 **Burg und Umgebung** ★ ★ [bj]

Ein runder Wehrturm ist der Blickfang der Burg von Kaunas. Sie ist eines der Wahrzeichen der Stadt, ein Bollwerk, das zahllose Kämpfe zu überstehen hatte. Aber auch Überschwemmungen setzten der Verteidigungsanlage immer wieder zu. Das, was heute zu sehen ist, wurde in den letzten Jahrzehnten aufwändig und liebevoll rekonstruiert. Schließlich gilt die Burg als eine der ersten Festungen Litauens.

Die im Mittelalter errichtete Burg war schon früh immer wieder **Angriffsziel** der Ritter des Deutschen Ordens. Mit 13 m hohen und 2 m dicken Mauern sollte sie deren Attacken trotzen und wenn sie einmal zerstört wurden, fügte man die eingerissenen Mauern schnell wieder zusammen. Ähnlich wie damals sieht die Burg – oder das, was man von ihr bislang rekonstruiert hat – auch heute wieder aus. In den nächsten Jahren sollen weitere Teile dazukommen, gilt die Burg doch als **Symbol für den Freiheitswillen** der Bürger von Kaunas. Im Rundturm finden im Sommer gelegentlich **Ausstellungen** statt und es gibt **Führungen** durch das Kellergewölbe.

Südlich der Burg befinden sich das **Bernhardinerkloster** samt **St. Georgskirche** (Papilio gatvė 7), ein schönes Ensemble in litauischer Backsteingotik. Zurzeit wird es unter anderem mit Geldern der Europäischen Union renoviert und soll spätestens ab 2013 in neuem Glanz erstrahlen. Westlich der Burg lädt der **Santakos-Park** auf der Landspitze zwischen den Flüssen Nemunas und Neris zum Bummeln. Eine weite Grünanlage, in der Papst Paul II. 1993 den Bürgern der jungen Republik Litauen Mut für ihren neuen politischen Weg zusprach. Der Filmschauspieler Daniel Craig, alias

James Bond, nutzte den Park 2007 in einer Drehpause dagegen schlicht zum Joggen.

❯ **Kauno Pilyje,** Papilio g. 17, Tel. 37 323436, www.kaunopils.lt. Normalerweise ist die Burg im Sommer (Juni–August, tgl. von 11–18 Uhr) zugänglich. Wegen der Wiederaufbauarbeiten ist Besuchern aber der Zugang oft verwehrt.

㉟ Rathaus und Rathausplatz, Kaunas ★ ★ ★ [bj]

Der Mitte des 16. Jahrhunderts angelegte Rathausplatz ist das Herz der Altstadt. Er wird von den schönsten Häusern in Kaunas umrahmt, Prachtbauten, in deren Schatten heute Einheimische und Touristen das Leben genießen. Vor allem im Sommer locken kleine Terrassencafés und Biergärten, Galerien laden zum Andenkenkauf, Restaurants zum Mittag- oder Abendessen ein und auch die Touristeninformation hat hier ihre Zelte aufgeschlagen.

Blickfang auf dem weiten Platz ist der sogenannte „**Weiße Schwan**", das ehemalige **Rathaus** mit seinem 53 m hohen Turm und barocker Fassade. In den gotischen Kellern mit ihren Backsteingewölben ist heute das **Keramikmuseum** (s. S. 91) zu Hause, das alte neben neuer Töpferkunst präsentiert. Archäologische Funde erzählen von spätmittelalterlichen Handwerkern, die hier produzierten, und alte Schmelzöfen geben Einblick in die Geschichte der Wachsproduktion, für die Kaunas im 15. und 16. Jahrhundert berühmt war.

Die **Geschichte** des alten Rathauses ist recht abwechslungsreich. So wurde es unter anderem als Laden und Gerichtssaal genutzt bzw. nach dem barocken Umbau als Kirche und Waffenlager. Schließlich diente der Weiße Schwan dem russischen Zaren, der in Kaunas gern Station machte, als Residenz. Auch Theater und Feuerwehr waren hier zeitweise untergebracht, ehe die Stadtverwaltung das Haus zum „**Hochzeitspalast**" herrichtete. Donnerstags bis samstags wird jetzt hier standesamtlich getraut und die großen, mit Blumen geschmückten Limousinen mit den Brautpaaren fahren auf dem großen Platz vor.

Zu den Sehenswürdigkeiten am Rathausplatz gehört die barocke **Jesuitenkirche** (Rathausplatz 9) mit ihren zwei weißen Türmen, deren Bau 1666 begonnen wurde. Zunächst wurde das Gotteshaus von den Jesuiten und später von den Franziskanern genutzt, ehe die Anlage 1843 in russisch-orthodoxen Besitz überging. 1962 machten die Sowjets aus dem Kloster eine Schule mit Sport- und Schießhalle. In der Krypta saunierte die Rote Armee. Heute dient die Kirche wieder als Gotteshaus, das wegen seiner guten Akustik auch gern für Konzerte genutzt wird.

An der Nordwestecke des Platzes beeindruckt neben dem sogenannten Masalskis-Palast die **Dreieinigkeitskir-** che (Rathausplatz 22). Es ist ein stattliches Bauensemble aus dem 17. Jh., das ein Priesterseminar beherbergt. Sogar zu Sowjetzeiten wurde hier der geistliche Nachwuchs des Landes ausgebildet, was für die Reputation des Hauses spricht.

Rund um den Rathausplatz finden sich auch einige der populärsten Museen Litauens. Etwa das **Museum für Medizin und Pharmazie** (s. S. 92), das in einer alten Apotheke aus dem 17. Jh. untergebracht ist. Neben einem Brunnen mit Hundeköpfen geht es ins **Museum für Kommunikationsgeschichte** (s. S. 92), einer ehemaligen Pferdepoststation, und im Südwesten des Platzes, hinter dem sogenannten Maironis-Denkmal, das einem der größten Dichter des Landes (1862–1932) gewidmet ist, findet sich das **Museum für litauische Literatur** (Rathausplatz 13), das für Touristen allerdings keinen Besuch lohnt.

❭ **Miesto Rotušė ir Aikštė (Rathaus)**, Rotušės a. 15. Im Rathaus hat das Keramikmuseum (s. S. 91) seinen Platz.

048vl Abb.: gs

㊱ Perkūnas-Haus ★ [bk]

Das Haus in der Aleksoto gatvė 6 ist eines der originellsten Zeugnisse gotischer Baukunst. Aus 16 verschiedenen roten Ziegelsteinarten gemauert, diente es zur Hansezeit als **Lagerhaus** und **Kontor** der Kaufleute. Später nutzten es die Jesuiten als **Kapelle** und 1844 war es Heimstatt des **ersten Schauspielhauses** der Stadt.

Mitte des 19. Jh. zerfiel das Gebäude allerdings immer mehr, ehe man es Ende der 1960er-Jahre gründlich sanierte. Heute wird das Perkūnas-Haus mit seinem spitzen Giebel, Erker und Ziertürmchen unter anderem als **Konzertsaal** und **Ausstellungsraum** genutzt. Seinen Namen verdankt es einer kleinen **Bronzestatue**, die im Haus eingemauert war und 1818 bei Umbauarbeiten gefunden wurde. Lokalhistoriker wollen sie als Nachbildung des litauischen Donnergottes Perkūnas identifiziert haben, eine allerdings umstrittene Deutung.

❯ Perkūno Namas, Aleksoto g. 6. Gewöhnlich nicht von innen zu besichtigen.

㊲ Vytautas-Kirche ★ [bk]

An der Memel findet sich die **älteste Kirche der Stadt** und eines der ersten **Backsteingebäude** in Kaunas. Franziskaner hatten sie im Jahre 1400 auf Veranlassung des litauischen Großfürsten Vytautas für die in der Stadt lebenden Christen, meist Deutsche, errichtet. Brände, Kriege und Überschwemmungen zwangen

Standseilbahnen

Gleich hinter dem Südende der Vytautas-Brücke findet sich Litauens älteste Standseilbahn. In 90 Sekunden bringt sie den Besucher auf den rund 40 m hohen **Aleksotas-Hügel**, wo sich einem mit der schönste Blick auf die Stadt eröffnet. Ein lohnenswerter Ausflug vor allem bei gutem Wetter!

Schweizer Ingenieure hatten die Bahn Mitte der 1930er-Jahre errichtet. Die zwei alten Wagen mit ihren Holzbänken, die sich gewöhnlich in der Mitte der Strecke treffen, sind noch heute im Einsatz.

Eine zweite, ähnliche Bahn fährt auf der gegenüberliegenden Seite der Stadt auf den **Žaliakalnis-Hügel,** auf dem sich die Auferstehungskirche ㊺ befindet, die größte Basilika des Baltikums. Auch von dort ist das Stadtpanorama beeindruckend.

❯ **Aleksotas:** Mo.–Fr. 7–12, 13–16 Uhr, bezahlt wird bei der Schaffnerin

❯ **Žaliakalnis:** Mo.–Fr. 7–19 Uhr, Sa.–So. 9–19 Uhr, bezahlt wird an der Talstationskasse

immer wieder zum Umbau. Napoleons Truppen nutzten die Kirche als Militärlager, 1845 bis 1918 diente sie der russisch-orthodoxen Kirche als Gotteshaus, ehe sie 1920 an die Katholiken zurückgegeben wurde. Im Inneren der Hallenkirche findet sich das **Grabmal** des populären litauischen Schriftstellers **Juozas Tumas-Vaižgantas** (1869–1933). Besonders beeindruckend sind außerdem die **gotischen Säulen,** die im Kontrast zur elektrischen Orgel stehen.

❯ **Vytauto Didžioji Bažnycia,** Aleksoto g. 3, Tel. 37 203854, Di.–Sa. 9–17 Uhr, Gottesdienst: Di.–So. 18 Uhr

◀ *Der Rathausplatz: links die Jesuitenkirche, rechts das alte Rathaus, wegen seiner Form auch „Weißer Schwan" genannt*

❸❽ Vytautas-Brücke (Vytauto Didžioji Tiltas) ⭐ [bk]

Von der Altstadt führt die 256 m lange und 16 m breite Vytautas-Brücke über die Memel. Bis zu 3000 Fahrzeuge überqueren das Bauwerk täglich in einer Stunde. Anfang des 19. Jahrhunderts wurde es als Pontonbrücke errichtet, mehrmals zerstört und immer wieder aufgebaut, zuletzt 1948 von deutschen Kriegsgefangenen. 2005 wurde die Brücke gründlich renoviert.

Da die Brücke den im Süden der Stadt gelegenen Aleksotas-Hügel erschließt, wird sie häufig auch Aleksotas-Brücke genannt oder scherzhaft auch die „längste Brücke der Welt", denn während früher auf der Stadtseite lange Zeit der bei den Russen übliche Julianische Kalender Gültigkeit hatte, rechnete man auf der zu Preußen gehörenden südlichen Flussseite nach dem Gregorianischen Kalender. 13 Tage Zeitunterschied machte das aus, sodass eine Reise über die Brücke hier also fast zwei Wochen dauerte ...

❸❾ Basilika St. Peter und Paul ⭐⭐ [cj]

Mit dem Bau von **Litauens größter gotischer Kirche** wurde im Jahr 1408 unter Großfürst Vytautas begonnen. Ihre heutigen Ausmaße aber – 84 m Länge, 34 m Breite und 28 m Höhe – erreichte die Kirche erst durch Umbauten im 17. und 18. Jahrhundert, als das Gotteshaus außerdem auch noch seinen 55 m hohen **Glockenturm** erhielt.

Als die Sowjets die Kathedrale in Vilnius besetzt hielten, war St. Peter und Paul die wichtigste katholische Kirche Litauens. **Renaissance-** und **Barockelemente** prägen ihr Inneres – allen voran der beeindruckende Hauptaltar mit seinen Kreuzigungsszenen. Dem Bildnis der leidenden Muttergottes werden heilende Kräfte nachgesagt.

St. Peter und Paul ist auch heute noch vor allem ein Haus des Gebetes. Täglich von 9.30 bis 18 Uhr lädt der Pfarrer der Kirche zur Anbetung des Allerheiligsten, zur Andacht vor der Monstranz.

❭ Švetu Apaštalų Petro ir Povilo **Arkikatedra Bazilika**, Vilniaus g. 1, Tel. 37 324093, www.kaunoarkikatedra.lt, Gottesdienste: werktags 7, 8, 9 und 18 Uhr, sonntags 8, 9, 10.30, 12, 13.30 und 18 Uhr

❹⓿ Vilniaus gatvė und Historischer Präsidentenpalast ⭐ [dj]

Wie der Name schon vermuten lässt, führte die Vilniaus gatvė einst aus der Altstadt in Richtung Vilnius. Heute ist sie das Bindeglied zum neuen Zentrum von Kaunas und vor allem eine **Fußgängerzone** und **Flaniermeile**. Einige sich hier befindenden Häuser stammen noch aus der Zeit der **Renaissance** und wurden in den letzten Jahren liebevoll restauriert.

Die Vilniaus gatvė mit ihren vielen kleinen **Läden** und **Galerien, Cafés** und **Restaurants** steht symbolisch für den Aufschwung Litauens nach der Erklärung seiner Unabhängigkeit. Im Haus Nr. 33 befand sich einst der **Präsidentenpalast**, der Sitz der Republik Litauen. In dem sorgfältig renovierten Bau erinnern Möbel, Gemälde, Fotos, Fahnen und andere historische Dokumente an die Zeit der **Ersten Litauischen Republik** (1918–1940), als das Land von hier aus regiert wurde.

❭ Istorinė LR Prezidentura (Präsidentenpalast), Vilniaus g. 33, Tel. 37 320589, www.istorineprezidentura.lt, Di.–So. 11–17 Uhr, 4 Lt

NEUSTADT

Die Neustadt von Kaunas wurde im wesentlichen in der zweiten Hälfte des 19. Jahrhunderts angelegt, als die Altstadt aus allen Nähten platzte. Zentrale Achse ist die gut 1,6 km lange Laisvės alėja, ein Prachtboulevard mit Museen, Theatern, Kinos, Geschäften, Cafés, Restaurants und Hotels.

④ Laisvės alėja (Freiheitsallee) ★   [fj]

Die **Laisvės alėja** (Freiheitsallee) war eine der ersten Fußgängerzonen Osteuropas und Mustermeile für andere Städte der Sowjetunion. Auch wenn sie heute autofrei ist, sollte man als Fußgänger vorsichtig sein, kreuzen den Boulevard doch mehrere Straßen. Während der Zarenzeit war die Allee nach dem heiligen Georg benannt, die deutschen Besatzer tauften sie nach Kaiser Wilhelm und erst ganz spät hieß sie schließlich Freiheitsallee. Früher war die Straße einmal die erste Einkaufsadresse der Stadt. Inzwischen hat das supermoderne Shoppingcenter Akropolis ihr aber den Einkaufsrang abgelaufen.

Entlang der Straße findet sich unter anderem das **Zoologische Museum** (s. S. 92), eine Sammlung präparierter Tiere von der Giraffe bis zum Schmetterling. Nur ein wenig weiter trifft man auf das **Hauptpostamt** und das **Neue Rathaus** im Jugendstil. Vor allem aber ist die Laisvės alėja die wichtigste Kulturmeile der Stadt. So steht hier das **Staatliche Musiktheater** (s. S. 93), ein in einem kleinen Stadtgarten gelegener Musentempel für Oper, Operette und Ballett, und auch das **Staatstheater Kaunas** (s. S. 93) und ein **Puppentheater** (s. S. 93) samt Museum sind am Flanierboulevard zu Hause.

Unübersehbar sind die **Großdenkmäler** wie das dem litauischen Großfürsten Vytautas gewidmete Monument neben der Hauptpost. Mit ihren silberglänzenden Kuppeln ist am Ostende der Allee eine **dem Erzengel Michael geweihte Kirche** Blickfang. Das im neobyzantinischen Stil errichtete, wuchtige Gotteshaus wurde Ende des 19. Jh. für die Soldaten der russischen Garnison gebaut. Heute gehört das Gotteshaus der katholischen Kirche.

★144 [gj] Erzengel-Michael-Kirche **(Šv. Archangelo Mykolo Rektoratas)**, Nepriklausomybės a. 14, Tel. 37 748062, tgl. 8.30–14 Uhr, Gottesdienst: Mo.–Fr. 12, Sa. 10, So. 10 und 12 Uhr

④ Platz der Einheit (Vienybės aikštė) ★   [fj]

Für viele Litauer ist er fast schon eine Wallfahrtsstätte, der **Platz der Einheit** mit dem Freiheitsdenkmal. Noch vor dem Zweiten Weltkrieg wurde er angelegt und in den Nachkriegsjahren dann in Leninplatz umgetauft. Nach dem Abzug der Sowjets stellten die Litauer ihre von den Russen demontierten Denkmäler dort wieder auf, allen voran das **Freiheitsdenkmal (Laisvės Statula)**. Ein wenig weiter findet sich eine Ehrengalerie mit Büsten litauischer Persönlichkeiten. Sie führt zum Ewigen Feuer, das an die im Unabhängigkeitskampf getöteten Bürger erinnern soll.

Auf dem Platz feiern die Bürger der Stadt gewöhnlich auch ins Neue Jahr. Traditionell treffen sie sich hier am Silvesterabend, um die Klänge vom sogenannten Uhrenturm zu genießen, in dem die Freiheitsglocke hängt – ein Geschenk der in den USA lebenden Litauer. Außerdem gibt es im Uhrturm ein Glockenspiel mit 35 Glocken. Die

■ GIRĖNAS UND DARIUS – ATLANTIKÜBERQUERER

Für die Litauer sind sie so wertvoll wie Reliquien - die Reste eines alten Flugzeugwracks im Militärmuseum, die an eine der **spektakulärsten Atlantiküberquerungen** *der Luftfahrtgeschichte erinnern. Im Juli 1933 hatten die beiden in Litauen geborenen Piloten* **Steponas Darius** *und* **Stasys Girėnas** *sich zum Ziel gesetzt, dem Beispiel Charles Lindberghs zu folgen und* **nonstop** *den Atlantik zu überqueren. Für 3200 Dollar kauften sie eine gebrauchte Maschine vom Typ Bellanca CH-300, die sie für ihren Atlantikflug entsprechend umrüsteten und auf den Namen* **Lituanica** *tauften. Am Morgen des 15. Juli starteten sie von New York aus ihr Abenteuer und wollten am nächsten Tag mitten in der Nacht in Kaunas ankommen, wo geschätzte 25.000 Zuschauer auf ihre Helden warteten. Nach 37 Stunden und 11 Minuten Flugzeit stürzte das Flugzeug jedoch 650 km vor dem Ziel nahe dem heute polnischen Städtchen Soldin ab. Beide Piloten starben. Es war das* **tragische Ende** *eines Abenteuerfluges.*

Der **Grund** *für die Katastrophe konnte bis heute nie endgültig geklärt werden. Offiziell wurde schlechtes Wetter in Verbindung mit einem technischen Defekt als Absturzursache ausgemacht.*

Die Litauer vergaßen die Heldentat der Flugpioniere nie. Mit **Straßennamen** *und* **Porträts** *auf dem 10-Litas-Schein wird bis heute an sie erinnert. Historisch gelten die beiden auch als erste* **Luftpostbeförderer** *über den Atlantik. Die von ihnen mitgeführten Briefe wurden nach dem Absturz noch ihren Empfängern zugestellt. Im Militärmuseum erinnern Wrackteile und die Kleidung, die sie bei ihrem Todesflug trugen, bis heute an die beiden Helden der Luft.*

Risikoreich *fliegen die Litauer übrigens noch immer. So hat der Kunstflieger Jurgis Kairys 1999 alle Brücken in Vilnius mit ca. 300 Stundenkilometern unterflogen. Drei Jahre zuvor unterquerte er eine Brücke in Kaunas mit dem Fahrwerk nach oben und dem Kopf nach unten …*

---

meisten von ihnen stammen aus Belgien, wo die Carillons eine lange Geschichte haben. An vielen Wochenenden und Feiertagen finden nachmittags kleine Konzerte statt.

Dominiert wird der Platz der Einheit von dem für Touristen nur bedingt interessanten **Militärmuseum** (s. S. 92). Zu seinen wichtigsten Ausstellungsstücken gehören die Überreste eines Flugzeugs, mit dem zwei in Litauen geborene Männer 1933 den Atlantik in einem Nonstop-Flug überquert hatten und dabei verunglückt waren (s. S. 100).

43 **Čiurlionis-Kunstmuseum** ★ **[ei]**

Dieses Nationalmuseum beherbergt **litauische Volkskunst** und **Kunstobjekte** aus dem 17. bis 20. Jahrhundert, vor allem aber gut 300 Gemälde des Künstlers **Mikalojus Konstantinas Čiurlionis**, den die Litauer besonders verehren und der dem Museum seinen Namen gab. Seine Bilder sind waghalsige Kompositionen in Temperafarben und so manchen Kunstkritiker haben sie bewogen, in Čiurlionis den ersten **abstrakten Maler** Europas zu sehen. Im

Museum ist Čiurlionis Kunst aber nicht nur zu sehen, sondern auch zu hören, gilt der Maler doch auch als einer der wichtigsten Vertreter **moderner litauischer Klangkunst.**

Čiurlionis gehört zu den Künstlern, die erst nach ihrem Tod neu entdeckt wurden. Der 1875 geborene Sohn eines Organisten begann seine Karriere als **Flötist** am Hof eines litauischen Fürsten und studierte u. a. in Warschau und Leipzig Musik. Anfang des 20. Jahrhunderts entdeckte er sein Interesse an **darstellender Kunst** und er begann, in Warschau Malunterricht zu nehmen. Dort kam er auch mit neuen Ideen und **philosophischen Fragestellungen** in Berührung. Gedankenwelten, die sich schließlich auch in seinen Bildern niederschlugen, die er 1907 erstmals in Vilnius zeigte. Dort lernte er auch seine Frau kennen, eine Schriftstellerin, die dem bis dahin nur polnisch sprechenden Künstler die litauische Sprache beibrachte.

Ein Jahr später siedelte Čiurlionis nach **St. Petersburg** über, wo er sich mehr Resonanz für seine Malerei erhoffte. Seine Bilder wurden nun dekorativer – und noch symbolträchtiger. Čiurlionis konnte von seiner Kunst allerdings kaum leben, da damals nur ein paar Intellektuelle seine Werke schätzten. 1911 starb er arm und krank in einem Sanatorium bei Warschau an einer **Lungenentzündung.**

Neu entdeckt wurde er erst in den späten 1980er-Jahren, als Litauen langsam zu seiner Selbstständigkeit fand. **Vytautas Landsbergis**, Litauens erster Staatspräsident, der über das Werk des Künstlers Čiurlionis promoviert hatte, wurde zu seinem größten neuen Fürsprecher. Wenig später fanden auch große europäische Museen Gefallen an dem Litauer und präsentierten seine besten Werke in Sonderausstellungen.

⟩ **M. K. Čiurlionio Valstybinis Dailės Muziejus**, V. Putvinskio g. 55, Tel. 37 229475, www.ciurlionis.lt, Di.–So. 11–17 Uhr, 6 Lt

㊹ Teufelsmuseum ★ ★ ★ **[ei]**

Hitler und Stalin sind die beiden bekanntesten Satansfiguren im Teufelsmuseum von Kaunas. Mehr als zweitausend **diabolische Darstellungen** nennt das Haus sein Eigen, von denen gut tausend ausgestellt sind. Und fast wöchentlich werden es mehr, schicken doch Menschen aus aller Welt noch immer Exponate: Teufel auf Bildern und Gemälden, Tassen und Tep-

049vl Abb.: gs

▶ *In vielen verschiedenen Gestalten begegnet einem der Leibhaftige im Teufelsmuseum*

pichen, Beelzebuben aus Holz, Glas, Papier, Metall, Plastik und Keramik.

Den Grundstock für das Teufelsmuseum legte der Maler **Anton Žmuidzinavičius** (1876–1966), dessen impressionistisch angehauchte Bilder in einem Nebenraum zu sehen sind. In seinen letzten Lebensjahren wurde aus dem Maler ein leidenschaftlicher Sammler von Teufelsfiguren, die ihm Freunde und Bekannte vorwiegend zum Geburtstag schenkten. Die schönsten Stücke sind heute über drei Etagen im Museum verteilt und erzählen **Kulturgeschichte.**

In Kaunas zeigt sich der Herr der Hölle in **immer neuen Gestalten:** als skurriler Kauz, als Verführer der Frauen, als Freund der Raucher und Trinker, die ihm mit diabolisch geformten Trinkgefäßen und Pfeifen huldigen, als musikalischer Satan mit Teufelsgeige oder Akkordeon oder als Diktator wie Hitler und Stalin. Zu den ältesten Ausstellungsstücken zählt eine bronzene Figur aus Italien: ein **Satyr,** ein Dämon aus dem Gefolge des griechischen Gottes Dionysos. Im dritten Stock des Museums erscheint schließlich ein volkstümlicher Teufel und zeigt sich als Hauptfigur **närrischer Bräuche** aus aller Welt. Als Krampus spielt er in Österreich den Gegenpart zum Gaben bringenden Nikolaus, als Satan in vielen Festen Südamerikas den Widersacher des Guten und schließlich begegnet er dem Besucher gar als Hexe im Treppenhaus.

❯ **Velnių Muziejus,** V. Putvinskio g. 64, Tel. 37 221587, www.muziejai.lt/ kaunas/Velniu-muziejus.htm, Di.–So. 11–17 Uhr, 6 Lt

▶ *Das Kloster Pažaislis: Blick aus dem Kreuzgang auf die mächtige Kuppel*

④⑤ Auferstehungskirche ★ [fi]

In kürzester Zeit bringt die Standseilbahn (s. S. 97) den Kaunas-Besucher von der Neustadt auf den **Žaliakalnis-Berg,** den „Grünen Berg" im Norden der Stadt. Oben steht die **größte Basilika des Baltikums,** von der man einen der schönsten Blicke auf die Stadt hat.

In den frühen 1930er-Jahren als Dankeskirche für die 1918 proklamierte Unabhängigkeit des Landes geplant, beschlagnahmten die Nazis nach ihrem Einmarsch in Litauen die noch unfertige Kirche, um in ihr ein Papierlager einzurichten. Später nutzten sie die Sowjets als Fabrik für Radiobauteile. Seit 1997 wird sie wieder als Gotteshaus genutzt. Heute – nach über einem Jahrzehnt sorgfältigster Renovierung – bietet sie mindestens 3000 Besuchern Platz.

Die monumentale, dreischiffige Kirche ist genau betrachtet ein **riesiges Rechteck** mit Eingängen an allen Seiten. Rund 70 Meter misst der große **Turm** über der Hauptpforte. Auf das große **Terrassendach** führt ein Lift (tgl. 11.30–18.30 Uhr). Die Inneneinrichtung ist modern und zweckmäßig, wird die Kirche doch nicht nur für Gottesdienste, sondern auch für kulturelle Veranstaltungen wie Konzerte genutzt.

❯ **Kristaus Prisikėlimo Bažnyčia,** Žemaičių g. 31b, www.prisikelimas.lt, Tel. 37 229222, Gottesdienst: werktags 18 Uhr, sonntags 9.30, 11, 12.30 und 18 Uhr

④⑥ Museumsmonument Fort IX ★

Etwas außerhalb der Stadt, auf der anderen Seite der Neris neben der Autobahn nach Klaipėda, findet sich **eine der größten Festungsanlagen Osteuropas.** In Auftrag gegeben hatte sie der russische Zar, der sie einst als Bollwerk gegen die Deutschen anlegen ließ. 1903 begann man mit ihrem Bau, doch schon bald zeigte sich, dass die Festung längst nicht so uneinnehmbar war, wie es sich ihre Bauherren erhofft hatten. So nahmen die Deutschen sie im Ersten Weltkrieg nach nur zehn Tagen Belagerung kampflos ein.

1924 bis 1940 diente die Festung als Gefängnis. Traurige Berühmtheit fand das Bollwerk in der Nazizeit, als die Deutschen hier 1941 ein **Konzentrationslager** einrichteten. Unter Mithilfe litauischer Kollaborateure ermordeten die Nationalsozialisten viele Zehntausend Menschen, die man in den Festungsgräben verscharrte oder verbrannte. Auch **Stalin** nutzte nach Ende des Zweiten Weltkriegs die Festung als Gefängnis und Hinrichtungsplatz. Heute erinnern ein **Museum** und ein gewaltiges **Denkmal** an die Gräuel von einst.

› **Devintojo Forto Statula**, Žemaičių a. 73, Tel. 37 377715, April-Okt.: Mi.–Mo. 10–18 Uhr, Nov.–März: Mi.–So. 10–16 Uhr, 5 Lt

ENTDECKUNGEN IM UMLAND

47 Kloster Pažaislis ★ ★

Mitten in der Natur, auf einer Halbinsel am Westufer eines künstlich angelegten Stausees, liegt das Klosterensemble Pažaislis. Es ist eine der schönsten Klosteranlagen des Baltikums und vor allem im Sommer organisiert das Touristenbüro immer wieder Ausflüge zum **Meisterwerk des Hochbarock**. Wer kein eigenes Auto hat, kann zum Besuch im Sommer aber auch öffentliche Busse (Haltestelle: **T. Masiulio gatvė**) nutzen. Die Trolleybusse 9 und 12 fahren aus der Innenstadt dorthin.

Fast einhundert Jahre wurde an dem Kloster gebaut. Es war die Stiftung eines litauischen Adligen, der die Anlage dem **Kamaldulenser-Orden** anvertraut hatte, einer besonders strengen Klostergemeinschaft, deren Mönche sich zum Teil in winzigen Eremitenhäusern

▼ *Das Bild der Jungfrau Maria im Kloster Pažaislis*

um die Kirche herum einmauern ließen. Ein paar der **Klosterzellen** sind bis heute erhalten geblieben.

Blickfang des Klosterensembles ist die mit über einhundert Fresken ausgestattete **Kirche** mit ihrer 53 m hohen, sechseckigen Kuppel. Heute wird die Anlage, die zeitweise als psychiatrische Anstalt, Archiv und Museum diente, vom Orden der Schwestern des heiligen Kasimir genutzt. Besonders bekannt ist Pažaislis für sein Sommer-Musikfestival.

> **Pažaislio Vienuolyno Ansamblis,**
> T. Masiulio g. 31, www.pazaislis.org, Tel. 37 458868, Di.–Fr. 10–17, Sa. 10–16 Uhr, 5 Lt, Führung nach Voranmeldung, Gottesdienst: So. 11 Uhr

48 Freilichtmuseum Rumšiškės ★★★

Zu den populärsten Touristenzielen Litauens zählt das ethnografische Freilichtmuseum Rumšiškės vor den Toren der Stadt Kaunas. Auf fast 200 Hektar Fläche stehen dort Gebäude aus dem ganzen Land. Bauliche Ensembles vom 19. bis zum frühen 20. Jahrhundert, vom Fischerdorf bis zum Scheunentheater.

Leicht kann man hier einen ganzen Tag verbringen und sich auf eine Zeitreise durch das alte Litauen begeben. Gut 6 km lang ist der Rundgang durch die Anlage und man schlendert an vielen **alten Bauernhöfen** vorbei, die vom harten Leben der Bauern erzählen. Man sieht Wandbänke, die zum Sitzen und Schlafen dienten, Betten im Heulager und Kammern zum Pilzetrocknen. Man erhält Informationen zu Pflanzen und Tieren, von denen die Bauern sich einst ernährten, und zur **damaligen Lebenssituation,** die auch bedeutete, dass Familien jahrzehntelang in einem Raum zusammenleben mussten.

Alle Häuser sind **Originale** und wurden an ihrem Ursprungsort ab- und im Freilichtmuseum wieder aufgebaut. Auch Windmühlen, Kreuze und Denkmäler fanden hier eine neue Heimstatt und das Leben in einer **Kleinstadt** dokumentiert ein Ensemble aus Schulhaus, Hospital, Töpferei und Dorfschenke. Besonders nachdenklich macht ein alter Güterwaggon, in dem die Sowjets einst Menschen zur Zwangsarbeit nach Sibirien transportierten.

Tag für Tag, vor allem aber am Wochenende, erwachen viele der Häuser **zum Leben.** Museumsmitarbeiter schlüpfen in alte Trachten und führen als Handwerker wie Weber oder Töpfer vor, wie man vor Jahrhunderten gearbeitet hat. Litauische Folklore lebt im Scheunentheater bei Tanz und Spiel wieder auf und in einem Gasthaus werden ländliche Speisen serviert. Besonders hoch her geht es zu Fasching oder zur Mittsommernacht, wenn Hunderte zum Feiern kommen.

> **Liaudies Buities Muziejus Rumšiškės,**
> L. Lekavičiaus g. 2, Tel. 34647392, www.llbm.lt, Mai–September Mi.–So. 10–18 Uhr. Im Winter sind die Museumsbauten nur auf geführten Rundgängen zu besichtigen. Der Park ist immer zugänglich, 8 Lt. Für Fußfaule gibt es einen Minibus.

PRAKTISCHE REISETIPPS

005vl Abb.: gs

AN- UND RÜCKREISE

Litauen-Reisende brauchen eigentlich kein eigenes **Auto**, denn in Vilnius und Kaunas gibt es genügend **öffentliche Verkehrsmittel**, die auch die Flughäfen beider Städte ansteuern. Wer allerdings mehr vom Land sehen will, für den kann sich die Mitnahme des Autos lohnen. Dies gilt vor allem für Familien mit Kindern, denn es bietet sich an, den Städtetrip mit ein paar Tagen Urlaub an der **Ostsee** zu verbinden. Wer über **Weißrussland** anreist, braucht ein **Transitvisum** (s. S. 112), das vorher besorgt werden muss.

Eine Alternative zur Anreise mit Flugzeug oder Auto bietet die **Bahn**. Sie erlaubt einem zudem einen Zwischenstopp in Polens Hauptstadt **Warschau**. Reinen Städtereisenden sei aber die An- und Abreise mit dem **Flugzeug** empfohlen, weil man mindestens zwei Reisetage spart! Auch ist der Flug für Einzelreisende und Paare meist die wirtschaftlichste Alternative – vor allem dann, wenn man schon früh bucht.

MIT DEM FLUGZEUG

Gleich **zwei Flughäfen** bieten sich dem Vilnius-Reisenden in Litauen an: Vilnius Airport, der größte Flughafen des Landes, und der Flughafen von **Kaunas**, der vom Billigflieger **Ryanair** angesteuert wird. Ab Mai 2011 wird Kaunas eine der zentralen Basen des irischen Carriers, allerdings ist unklar, welche Verbindungen es von Deutschland und Österreich geben wird.

Der Flughafen von **Vilnius** wird ab Frankfurt von **Lufthansa** und ab Wien von **Austrian Airlines** täglich **direkt** angeflogen. **Air Baltic** offeriert fast täglich Umsteigeverbindungen von vielen Flughäfen in der Schweiz, Österreich und Deutschland aus. Aber auch die polnische Fluglinie **LOT**, die skandinavische **SAS**, **Brussels Airlines** oder **Czech Airlines** haben über ihre Drehkreuze in Warschau, Prag, Brüssel und Kopenhagen immer wieder preisgünstige Flüge nach Vilnius im Angebot.

Wer sehr früh bucht, kommt schon zu **Preisen** von rund 150 bis 250 € bequem nach Litauen und zurück. Wer seine Reise mit einem Kurzurlaub an der baltischen Ostsee kombinieren möchte, ist – vor allem im Sommer – unter Umständen mit einem Flug nach **Palanga** recht günstig dabei, den mehrere Gesellschaften im Angebot haben. Das kleine Ostseestädtchen liegt rund drei Autostunden von Vilnius entfernt.

Suchmaschinen wie etwa www. cheaptickets.de helfen bei der Jagd nach einem **Schnäppchen**. Auf Nummer sicher geht man, wenn man die Webseiten der Fluggesellschaften nach günstigen Angeboten durchforstet. Oft kann man, wenn man seine Reise nur um ein paar Stunden oder Tage verlegt, viel Geld sparen.

> ❯ www.lufthansa.com
> ❯ www.austrian.com
> ❯ www.flysas.com
> ❯ www.airbaltic.de
> ❯ www.lot.com

Es ist kein Problem, vom **Vilnius Airport (VNO)**, der rund 7 km außerhalb der Stadt liegt, in die City zu kommen. Ein **Zug** (Fahrplan unter www.litrail.lt)

▶ *Im neuen Flughafenterminal von Vilnius*

◀ *Vorseite: die Wasserburg von Trakai* 🅛

bringt den Reisenden in nicht einmal zehn Minuten in die Innenstadt. Die Züge verkehren gewöhnlich einmal in der Stunde, Fahrscheine gibt es an Bord. Der **Bahnhof** befindet sich direkt neben dem Terminal und ist über einen überdachten Weg auch per Fuß leicht zu erreichen. Außerdem gibt es **Busverbindungen** in die Stadt. **Taxis** warten auf einem eigenen Stellplatz vor dem Flughafengebäude und brauchen ohne großen Stau etwa eine Viertelstunde in die Innenstadt.
❯ www.vilnius-airport.lt

Kaunas Airport (KUN) befindet sich 12 km nordöstlich von Kaunas und ist durch **Taxis** und **Busse** an die Stadt angebunden. Die Fahrtzeit beträgt jeweils ca. 30 Minuten.
❯ www.kaunasair.lt

MIT DEM AUTO

Reisende mit Auto müssen für die An- und Abreise **viel Zeit** einplanen. So dauert die Fahrt von Berlin nach Vilnius rund 14 Stunden. Eine Stunde länger ist man von Wien aus unterwegs, noch einmal drei Stunden mehr von Köln oder Hamburg. Und wer aus der Schweiz nach Litauen reist, muss sich sogar auf mehr als 20 Anreisestunden einstellen und dazu auf **Spritkosten** von umgerechnet mehr als 150 €. Außerdem muss man in der Regel je eine **Übernachtung** auf der Hin- und der Rückfahrt ins Reisebudget einrechnen.

Die Anreise erfolgt in den meisten Fällen auf **Autobahnen** oder gut ausgebauten **Schnellstraßen.** Auf alle Fälle führt die Reise durch **Polen,** für viele Süddeutsche, Österreicher und Schweizer zudem auch durch **Tschechien** oder die **Slowakische Republik.** Eine der schnellsten Autorouten führt über Berlin, Warschau und Kaunas nach Vilnius.

Am besten kalkuliert man mithilfe von **Routenplanern** die optimale Fahrtstrecke, die nicht immer die schnellste sein muss. Da man ohnehin in der Regel sein Ziel nicht in einem Tag erreichen kann, lohnt es sich, seinen **Zwischenstopp** genau auszusuchen. Dass kann für Norddeutsche z. B. Danzig sein und für alle aus dem Süden Anreisenden Krakau. Interessant ist auch eine Fahrt mit der **Autofähre** von Kiel oder Sassnitz nach **Klaipėda**, das durch eine Schnellstraße mit Kaunas und Vilnius verbunden ist. Leider sind die Nachtfahrten mit Unterkunft in Kabinen nicht ganz billig, doch wer Monate im Voraus bucht, kommt auch hier an günstigere Tickets, deren Preise sich wie bei den Billigfluggesellschaften nach Verfügbarkeit und Auslastung richten.

Zur **Einreise** mit dem Auto benötigt man neben den Fahrzeugpapieren einen gültigen nationalen oder internationalen Führerschein. Außerdem eine **grüne Versicherungskarte**, die auch **ausdrücklich für Litauen (Länderkürzel LT) zugelassen** sein muss. Handschriftliche Eintragungen werden von den Kontrollbehörden nicht anerkannt. Das kleine „D", „A" oder „CH" auf dem Nummernschild genügt, eine weitere Ländermarkierung ist nicht notwendig. Wer mit einem **Dienstwagen** anreist, benötigt zudem eine notariell beglaubigte Bestätigung seines Arbeitgebers, dass er das Auto nutzen darf. Außerdem ist das Mitführen eines **Feuerlöschers** in Litauen Pflicht!

MIT DER BAHN

Schneller als mit dem Auto kommt man auch mit dem Zug nicht nach Litauen, allerdings kann man einen Teil seiner Reisezeit im **Schlafabteil** verbringen, was einem die Übernachtung im Hotel erspart.

Die Bahnverbindungen führen meist über die Städte **Berlin** und **Warschau**, die auch als Umsteigebahnhöfe dienen. Sollte die Fahrt durch **Weißrussland** (Belarus) führen, ist ein Transitvisum (s. S. 112) erforderlich.

Im besten Fall beträgt die **Fahrtzeit** von Berlin nach Vilnius fast 15 Stunden, von Wien ist man knapp 17 Stunden auf der Schiene unterwegs, von Zürich meist mehr als einen ganzen Tag. Wer nicht an einen bestimmten Termin gebunden ist, sollte Spezialtarife nutzen, etwa den **Sparpreis Europa**, mit dem die Deutsche Bahn 25 Prozent Rabatt auf die Fahrt nach Litauen einräumt. Über die besten Zugverbindungen informieren die Websites der Bahngesellschaften von Deutschland und der Schweiz, Österreich und Litauen. Die meisten Züge sind **reservierungspflichtig!**

› www.bahn.de
› www.sbb.ch
› www.oebb.at
› www.litrail.lt

MIT DEM BUS

Eine Überlegung ist die An- und Abreise mit dem Bus wert. Auch dabei wird in der Regel nachts durchgefahren und man spart Übernachtungskosten. So gibt es von Berlin, Köln, Stuttgart und anderen deutschen und Schweizer Großstädten mehrmals pro Woche eine Verbindung nach Vilnius und Kaunas. Zweimal wöchentlich verkehrt von Klagenfurt über Graz und Wien ein Bus nach Litauen.

› www.touring.de
› www.berlinlinienbus.de
› www.ecolines.net
› www.eurolines.at
› www.autobusustotis.lt

► *Innerorts gilt Tempo 50 – auch vor diesem Bankgebäude in der Neustadt von Vilnius*

VON KAUNAS NACH VILNIUS

Kaunas und Vilnius sind über Schiene und Straße bestens miteinander verbunden. Eine **Autobahn** (Achtung: Höchstgeschwindigkeit von 100 km/h beachten!) macht die Stippvisite zum bequemen Tagesausflug. Bequemer und gelegentlich auch schneller geht es per **Bahn**. So gibt es mehr als ein Dutzend täglicher Direktverbindungen zwischen den beiden Städten, von morgens um 5 Uhr bis abends um 20 Uhr. Die Fahrzeit beträgt, je nach Zahl der Zwischenhalte, zwischen einer und gut eineinhalb Stunden. Der Fahrpreis beträgt für die einfache Strecke zwischen 15 und 17 Lt.

AUTOFAHREN

Litauen ist das Land mit einer der **höchsten Unfallraten** der Europäischen Union. Daran sollte man immer denken, wenn man mit dem eigenen Fahrzeug oder einem Mietwagen unterwegs ist! Die **Straßen** können einem vor allem im Winter Probleme bereiten, denn viele Routen werden nicht geräumt. Zum Teil – wie zwischen Vilnius und Kaunas – gibt es auch vierspurige Schnellstraßen, allerdings sind die nicht ohne **Kreuzungen!** Auch muss man immer mit **Pferdefuhrwerken**, **Radfahrern** oder **Fußgängern** auf der Straße rechnen. Besondere Vorsicht ist nachts geboten!

Nach einem **Unfall** muss man immer die **Polizei** (s. S. 119) rufen! Auch darf am Unfallort nichts verändert werden, bis die Ordnungshüter ihre Ermittlungen abgeschlossen haben – andernfalls riskiert man seinen Versicherungsschutz. Unfallbeteiligte sollten keine Dokumente unterschreiben, die sie nicht verstehen. Im Zweifelsfall bitte einen Übersetzer verlangen!

Auf litauischen **Autobahnen** gilt von Anfang April bis Ende Oktober eine **Höchstgeschwindigkeit** von 130 km/h. Den Rest des Jahres ist das Tempo auf 110 km/h begrenzt, wenn nicht Verkehrszeichen eine andere Geschwindigkeit vorschreiben. Auf der **Schnellstraße zwischen Vilnius und Kaunas** gilt meist Tempo 100 und daran sollte man sich auch halten, da auf diesem Abschnitt besonders häufig kontrolliert wird. Bei zu schnellem Fahren winken **Bußgelder** ab umgerechnet zehn Euro, die an Ort und Stelle kassiert werden. Dabei tut man gut daran, sich für die Geschwindigkeitsübertretung zu entschuldigen und die Ordnungshüter nicht zu provozieren. Bestehen Sie aber auf einer Quittung!

Auf **asphaltierten Landstraßen** gilt eine Höchstgeschwindigkeit von 90 km/h, auf **Schotterpisten** 70 km/h und **innerorts** 50 km/h. Ansonsten gelten die üblichen internationalen Verkehrsvorschriften wie „rechts vor links" – und natürlich besteht auch in Litauen eine Anschnallpflicht, die selbst für Taxis gilt.

Besondere Beachtung verdienen die **Ampelschaltungen:** Grün – blinkendes Grün – Gelb – Rot. Das blinkende Grün entspricht dem bei uns

053v Abb.: gs

üblichen Gelb. Wer bei Gelb oder Rot eine Ampel überfährt, zahlt ein Bußgeld. Meist ist aber auch bei roter Ampel das Rechtsabbiegen erlaubt (angezeigt durch grüne Pfeile).

Von November bis April sind in Litauen **Winterreifen** Pflicht und es muss sogar ganzjährig mit **Abblendlicht** gefahren werden.

Die **Alkoholgrenze** beträgt 0,4 Promille. Wer dagegen verstößt, muss mit saftigen Geldbußen rechnen. Im schlimmsten Fall wird der Führerschein eingezogen und das Auto beschlagnahmt.

Das **Tankstellennetz** in den Städten ist gut. Die Spritpreise sind im Vergleich zu Deutschland niedriger. In der Regel symbolisieren die Farben der Tankrüssel an den Zapfsäulen die Art des Kraftstoffes. So steht eine **grüne Farbe** für bleifreies und **rote** für verbleites Benzin, **schwarz** zeigt Diesel an.

Gebührenpflichtige Parkplätze sind mit einem „P" gekennzeichnet. Das Parkticket muss deutlich sichtbar im Fahrzeuginneren hinterlegt werden. Die Innenstädte von Kaunas und Vilnius sind in verschiedenfarbige **Parkzonen** aufgeteilt, die alle ihre eigenen Parkgebühren haben. So kostet eine Stunde Parken in der teuren **roten Zone** 3 Lt und in der preiswerten **grünen Zone** 1 Lt. Bezahlt wird an Automaten, die entweder Münzen annehmen oder mit gängigen Maestro-(EC)- oder Kreditkarten funktionieren. Seit Neuestem kann man auch per Handy zahlen, wenn man sich vorher hat registrieren lassen. Außerhalb der eigentlichen Zentren finden sich aber auch **kostenlose Parkplätze**. Wertgegenstände sollte man – egal wo – auf keinen Fall im geparkten Fahrzeug lassen! Wer sein Auto im **Halteverbot** abstellt, **reservierte Plätze** *(rezervuota)* belegt oder seine **Parkgebühren** nicht ordnungsgemäß bezahlt, muss damit rechnen, **abgeschleppt** zu werden oder mit einer **Parkkralle** am Weiterfahren gehindert zu werden.

Pannenhilfe bietet der **Automobilklub von Litauen (LAS)** unter Tel. 5 2104422 bzw. Mobil-Tel. 1888 oder 1414. Die Pannenhilfe ist kostenlos, das Abschleppen muss aber bezahlt werden. Da die Nothilfe nicht verpflichtet ist, Nichtmitgliedern zu helfen, empfiehlt es sich, vor Reiseantritt bei einem der großen Automobilklubs einen im Ausland gültigen **Auslandsschutzbrief** zu erwerben. Der erspart einem unter Umständen größere Ausgaben.

> **ADAC:** Tel. +49 (0)89 222222
> **ÖAMTC:** Tel. +43 (0)1 2512000
> **Touring Club Schweiz:** Tel. +41 (0)22 4172220

MIETWAGEN

Auf den Flughäfen von Vilnius und Kaunas oder auch in den Städten selbst haben viele große Mietwagenfirmen Verleihstationen. Neben den

054vl Abb.: gs

internationalen Verleihern bieten auch zahlreiche lokale Firmen ihre Dienste an. Am günstigsten ist es aber, wenn man sein Fahrzeug schon von zu Hause aus bucht. Am besten über einen der **Internetbroker** wie

❯ www.holidayautos.de
❯ www.billigermietwagen.de

BARRIEREFREIES REISEN

Menschen mit einer Gehbehinderung haben es in den litauischen Städten nicht immer leicht. Zwar hat man in den letzten Jahren viele Einrichtungen rollstuhltauglich ausgestattet, doch fehlen den meisten Kirchen und Museen noch die entsprechenden Zugänge. Viele der touristischen Pfade in Vilnius oder Kaunas sind ebenfalls **nicht barrierefrei.** Haupthindernisse sind Kopfsteinpflaster und Treppen. Etwas besser sieht es bei den **öffentlichen Verkehrsmitteln** aus. Alle neuen Busse und Bahnen sind inzwischen behindertengerecht ausgestattet.

❶**145** [J9] Informations- und Beratungsbüro für Behinderte in Vilnius, Mindaugo g. 42, Tel. 5 2734796, www.tpnc.lt. Das Informations- und Beratungsbüro in Vilnius bietet spezielle Informationen für Menschen mit Behinderung an.

DIPLOMATISCHE VERTRETUNGEN

IN DEUTSCHLAND, ÖSTERREICH UND DER SCHWEIZ

❯ Botschaft der Republik Litauen, Charitéstraße 9, 10117 Berlin, Tel. 030 8906810, http://de.mfa.lt

❯ Botschaft der Republik Litauen, Löwengasse 47/4, 1030 Wien, Tel. 01 7185467, http://at.mfa.lt
❯ Botschaft der Republik Litauen, Kramgasse 12, 3011 Bern, Tel. 0313525291, http://ch.mfa.lt

IN VILNIUS

●**146** [I8] Botschaft der Bundesrepublik Deutschland, Z. Sierakausko g. 24/8, 03105 Vilnius, Tel. 5 2106400, Bereitschaft für Notfälle innerhalb Litauens Tel. 865055510, www.wilna.diplo.de, geöffnet Mo.–Do. 8.–16.30, Fr. 8–15 Uhr
●**147** [L9] Botschaft der Republik Österreich, Gaono g. 6, 01131 Vilnius, Tel. 5 2660580, www.bmeia.gv.at/botschaft/wilna.html, geöffnet Mo.–Fr. 9–12 Uhr

EIN- UND AUSREISE-BESTIMMUNGEN

Für Deutsche, Schweizer und Österreicher genügt ein gültiger **Personalausweis** oder **Reisepass** für die Einreise. Für Kinder unter 16 Jahren wird ein eigener **Kinderausweis** mit Lichtbild gefordert. Der in vielen Ländern ausreichende Eintrag der Kinder im Pass der Eltern genügt für Litauen nicht. Alle Dokumente sollten noch mindestens drei Monate nach der Ausreise aus Litauen gültig sein.

Mitgebrachtes **Bargeld** von mehr als 10.000 € muss an der Grenze deklariert werden. Bei der Ausreise ist Folgendes zu beachten: **Antiquitäten,** die älter als 50 Jahre sind, müssen ordnungsgemäß ausgeführt werden. Die passenden Papiere füllen die Antiquitätenhändler auf Wunsch gern aus. Im Übrigen gelten die üblichen Zollbestimmungen.

Wer über **Weißrussland** einreist, braucht zudem ein **Transitvisum** für Belarus. Dazu muss man einen Visaantrag stellen und ein Passbild und einen noch mindestens drei Monate über den Reisetermin hinaus gültigen Reisepass mit mindestens einer freien Seite für den Visaeintrag an die Botschaft der Republik Belarus (Am Treptower Park, 12435 Berlin) schicken. Die passenden Formulare finden sich auf der Internetseite der Botschaft (www.german.belembassy.org).

ELEKTRIZITÄT

In Litauen beträgt die Stromspannung **220-Volt/50-Hz-Wechselstrom.** Für mitgebrachte Geräte wie Föhn, Handy oder Laptop dürfte es so keine Probleme geben und man braucht auch keinen Adapter.

GELDFRAGEN

Eigentlich wollte Litauen schon längst den Euro einführen, doch das Vorhaben scheiterte immer wieder an der Nichteinhaltung der europäischen Stabilitätskriterien. Inzwischen gehen Fachleute davon aus, dass Litauen die sogenannten Maastricht-Kriterien frühestens 2014 erfüllen wird. Bis dahin gilt weiter die landeseigene Währung **Litas** (LTL oder Lt, Mehrzahl: Litai), die fest an den Euro gebunden ist.

Ein Litas besteht aus 100 **Centai** (Singular: Centas). **Banknoten** gibt es im Wert von 500, 200, 100, 50, 20 und 10 Litai. **Münzen** sind in den Nennbeträgen 5, 2 und 1 Litai sowie als 50, 20, 10, 5, 2 Centai und 1 Centas im Umlauf.

In Banken und vielen Hotels kann problemlos **Geld gewechselt** werden. Auch **Geldautomaten** stehen in Vilnius und Kaunas an vielen Ecken zur Verfügung. Ein Umtausch schon vor Reiseantritt in den Heimatländern lohnt sich in der Regel nicht. Am besten fährt man mit einer **Kreditkarte,** da alle größeren Hotels und Geschäfte und viele Restaurants auf diese Zahlungsform eingestellt sind.

Litauen ist ein **preiswertes Reiseland. Restaurantbesuche** sind oft um ein Drittel oder sogar um die Hälfte günstiger als in anderen europäischen Ländern. Dies gilt vor allem für Restaurants auf dem Land oder in den Außenbezirken der Großstädte, im Kern von Vilnius oder Kaunas ist das Preisniveau nicht ganz so niedrig. Auch Alkohol und Zigaretten sind preiswerter und Letztere deshalb auch ein beliebtes Mitbringsel. Die Hotel- und Taxipreise sind im Durchschnitt ebenfalls etwas günstiger als im Rest Europas, Gleiches gilt für Bus- und Bahntickets. Selbstversorger profitieren von **niedrigen Lebensmittelpreisen,** die auf öffentlichen Märkten noch einmal günstiger ausfallen können als im Supermarkt.

Bei Übernachtung in einem Mittelklassehotel und mit Frühstück und zwei weiteren Mahlzeiten am Tag, kommt man, ein paar Museumsbesuche und eine Taxifahrt mit eingerechnet, pro Person mit einem Tagessatz von 80 bis 110 € gut aus.

WECHSELKURSE

(Stand: Dezember 2010)

1 Lt	0,29 €/0,37 Sfr
1 €	3,45 Lt
1 Sfr	2,71 Lt

VILNIUS UND KAUNAS PREISWERT

*Die **Vilnius City Card** (www.vilnius-tourism.lt), die es als Ein-Tages- (52 Lt) oder Drei-Tages-Karte (110 Lt) gibt, bietet dem Vilinius-Besucher große Preisvorteile. Die Karte erlaubt die kostenlose Nutzung der öffentlichen Busse, gewährt kostenlosen Eintritt in die meisten Museen und Ermäßigungen für Stadttouren zu Fuß oder per Rad. Außerdem gibt es für Karteninhaber in vielen Hotels und Cafés sowie in einigen Souvenirläden Rabatte. Erhältlich ist sie in den Touristeninformationen (s. S. 113).*

*Neu ist die **Kaunas Tourist Card.** Sie kostet 68,99 Lt und hat eine Geltungsdauer von sieben Tagen. Sie umfasst ein drei Tage gültiges elektronisches Busticket und ein Guthaben von 30 Lt, das mit Museumsbesuchen verrechnet werden kann. Große Vorteile verspricht auch die im Preis enthaltene Rabattkarte. Sie ermöglicht Besuche der wichtigsten Museen wie Teufelsmuseum oder Freilichtmuseum*

Rumšiškės zum halben Preis. Nicht zuletzt gewährt die Karte kostenlose Käse- und Bierproben, freien Eintritt in Nachtklubs, Ermäßigungen in Souvenirläden und Hotelrabatte von bis zu 30 Prozent. Die Karte ist in allen großen Museen und Hotels erhältlich - und natürlich gibt es sie auch in den Touristenbüros (www.kaunas.lt, s. S. 114) der Stadt.

*__Vilnius Free Tour__ und **Kaunas Free Tour** heißen zwei kostenlose Stadtführungen, die von jungen Leuten in beiden Städten angeboten werden. Die Touren dauern ca. 3 Stunden und statt eines festen Honorars erwarten die Führer ein Trinkgeld. In beiden Städten starten die Touren gewöhnlich am frühen Nachmittag vor dem Rathaus in der Altstadt. Vorige Anmeldungen sind erwünscht bzw. sinnvoll, da die Touren bei schlechtem Wetter und im Winter häufig entfallen. Genauere Informationen erhält man unter www.traveller.ee/freetour.*

INFORMATIONSQUELLEN

INFOSTELLEN ZU HAUSE

› **Baltikum Tourismus Zentrale (BTZ),** Katharinenstraße 19/20, 10711 Berlin, Tel. 030 89009091, www.baltikuminfo.de

INFOSTELLEN IN VILNIUS

Die **Touristeninformation** in Vilnius bietet nicht nur Hilfe bei der Suche und Vermittlung von Unterkünften, sondern gibt auch Ausflugs- und aktuelle Einkaufstipps. Kostenloses Kartenmaterial und Informationsbroschüren zur

Stadtgeschichte sind genauso im Angebot wie Audioguides, mit deren Hilfe man die Stadt individuell erkunden kann. Außerdem kann man bei den Infostellen Stadtführungen buchen und die City Card (s. S. 113) kaufen, die ihrem Inhaber viele Vergünstigungen gewährt. **Konzerttickets** für die großen Veranstaltungen kann man im Internet unter www.getmein.com/city/vilnius.html kaufen.

❶**148** [K8] **Touristeninformation Innenstadt (Hauptbüro),** Vilniaus g. 22, 01119 Vilnius, www.vilnius-tourism.lt, Tel. 5 269660, Mo.–Fr. 9–18, Sa.–So. 10–16 Uhr

❶149 [L10] **Touristeninformation Altes Rathaus,** Didžioji g. 31, 01128 Vilnius, Tel. 5 2626470, Mo.–Fr. 9–18, Sa.–So. 10–16 Uhr

❶150 [K11] **Touristeninformation Bahnhof,** Geležinkelio g. 16, 02100 Vilnius, Tel. 5 2692091, Mo.–Fr. 9–18, Sa.–So. 10–16 Uhr

❶151 [L8] **Infopavillon am Kathedralenplatz,** Šventaragio g. 2, Mai–September: Mo.–Fr. 9–18, Sa.–So. 10–16 Uhr

INFOSTELLEN IN KAUNAS

❶152 [fj] **Touristeninformation der Region Kaunas,** Laisvės al. 36, 44240 Kaunas, www.kaunastic.lt, Tel. 37 323436, Juni–August: Mo.–Fr. 9–18, Sa. 10–18, So. 10–15 Uhr, Mai und September: Mo.–Fr. 9–18, Sa. 10–15 Uhr, Okt.–April: Mo.–Do. 9–18, Fr. 9–17 Uhr. Allgemeine Informationen über touristische Angebote, Verkauf von Tickets für Kultur- und Sportveranstaltungen, Buchung von Ausflügen (auch zum Freilichtmuseum und zum Kloster Pažaislis), Organisation von Stadtführungen, Hotelreservierungen und Verkauf der Tourist Card.

❯ **Touristeninformation im Park Inn Hotel** (s. S. 124), Tel. 37 322222, tgl. 24 Std. geöffnet

❯ Außerdem gibt es **Infostellen** am Bahnhof (tgl. 8.30–19.30 Uhr), am Busbahnhof (Mo.–Fr. 8–19, Sa.–So. 8–15 Uhr) und auf dem Flughafen (jeweils eine Stunde vor und nach der Landung von Flugzeugen).

INTERNET

In Sachen drahtloser Kommunikation gehört Litauen zu den Vorzeigestaaten. Viele Plätze und Straßen sind inzwischen öffentliche **WLAN-Hotspots.** So kann man in **Kaunas** an der Hauptgeschäftsstraße Laisvės alėja und im Einkaufszentrum Akropolis per WLAN surfen. In **Vilnius** sind der Kathedralenplatz und der Rathausplatz sowie der Flughafen entsprechend ausgestattet. Multimediakonsolen in einigen **Taxis** erlauben ebenfalls schon unterwegs den Zugang ins World Wide Web. Außerdem bieten fast alle **Hotels** und viele **Cafés** und **Restaurants** ihren Gästen einen meist kostenlosen Internetzugang. Über öffentliche Internetplätze verfügen auch die großen öffentlichen **Bibliotheken.**

@153 [fj] **Copy 1,** S. Daukanto g. 8, **Kaunas,** Tel. 37 207925, Mo.–Fr. 8–19, Sa. 9–16 Uhr. Kleines Internetcafé.

@154 [J8] **Internet Cafe Collegium,** Pilies g. 22, **Vilnius,** Tel. 5 2618334. Mo.–Fr. 9–21, Sa. 11–21 Uhr, www.dora.lt. Kleines Internetcafé in der Altstadt, etwas versteckt in einem Hinterhof gelegen.

@155 [gj] **Öffentliche Bibliothek V. Kudirka,** Laisvės al. 5–7, **Kaunas,** Tel. 37 221783, Mo.–Fr. 9–19, Sa. 10–16 Uhr

@156 [I7] **Taškas,** J. Jasinskio g. 1, **Vilnius,** Tel. 68524024. Täglich und rund um die Uhr geöffnet, am Rand des Stadtkerns.

DIE STÄDTE IM INTERNET

❯ **www.vilnius.lt:** offizielle Webseite der Stadt Vilnius, auch auf Englisch

❯ **www.kaunas.lt:** offizielle Webseite der Stadt Kaunas

❯ **www.vilnius-tourism.lt:** Tourismusportal der Stadt Vilnius, auch auf Deutsch

❯ **www.litauen-info.de:** deutschsprachiges Internetportal mit vielen wertvollen Reisetipps

❯ **www.muziejai.lt:** Webseite der litauischen Museen mit Ausstellungshinweisen und aktuellen Informationen aus dem Kulturleben, auch in deutscher Sprache

❯ **www.tourism.lt:** offizielles Tourismusportal Litauens, auch auf Englisch

❯ **www.vilnius-hotels.net:** informative Übersichtsseite (auf Englisch) über die Hotelangebote in Vilnius, mit Reservierungsmöglichkeit

> **www.baltictimes.com**: elektronische Kurzausgabe der englischsprachigen Zeitung „Baltic Times"

> **www.baltische-rundschau.eu**: deutschsprachige Internetzeitung für das Baltikum

◼ MEINE LITERATURTIPPS

> *Marianna Butenschön,* **Litauen,** *C.H. Beck Verlag, 2002. Ein Buch, das neugierig auf das Land und seine Hauptstadt macht!*

> *Ricardas Gavelis,* **Friedenstaube. Sieben Vilnaer Geschichten,** *ATHENA-Verlag, 2005. Spannende Science-Fiction-Geschichten des in Vilnius geborenen Autors mit einem kafkaesken Touch.*

> *Jurga Ivanaskaite:* **Die Regenhexe,** *Deutscher Taschenbuch Verlag, 2004. Schicksalsroman der litauischen Erfolgsautorin über drei Frauen, die als Hexen verschrien sind.*

> *Claudia Sinnig,* **Litauen: Ein literarischer Reisebegleiter,** *Insel Verlag, 2002. Zum Teil erstmals auf Deutsch veröffentlichte Texte, die Reisende, Schriftsteller und Dichter über Litauen geschrieben haben.*

> *Czeslaw Milosz,* **Die Straßen von Wilna,** *Carl Hanser Verlag, 1997. Gedankenspaziergänge des litauischen Dichters durch das Vilnius seiner Kindheit.*

> *Joachim Tauber und Ralph Tuchtenhagen,* **Vilnius – Kleine Geschichte der Stadt,** *Böhlau Verlag, 2008. Mit großer Sachkenntnis verfasste Stadtgeschichte.*

> *Tomas Venclova,* **Gespräche im Winter: Gedichte,** *Suhrkamp Verlag, 2007. Beste litauische Lyrik.*

PUBLIKATIONEN UND MEDIEN

Die größte Tageszeitung in Litauen ist die in Vilnius herausgegebene „**Lietuvios Rytas**" (www.lrytas.lt), die auch Veranstaltungshinweise enthält. In Kaunas erscheint die Zeitung „**Kauno Diena**" (www.kaunodiena.lt). Jeweils donnerstags ist die „**Baltic Times**" (www.baltictimes.com) in englischer Sprache auf dem Markt.

Deutsche Zeitungen sind nur schwer oder gar nicht erhältlich, können aber in der Deutschen Bibliothek der Vilniusser Universität (Universiteto g., Mo.–Fr. 9–20, Sa. 9–16 Uhr) bzw. der Öffentlichen Kreisbibliothek in Kaunas (Radastų g. 2, Mo.–Fr. 10–18, Sa. 10–17 Uhr) gelesen werden. Sie sind eine Art Außenstellen des Goethe-Institutes in Vilnius, das sich für die Förderung deutscher Kultur und Sprache einsetzt. Hin und wieder organisiert das Goethe-Institut auch Veranstaltungen.

🄱**157** [K8] **Goethe-Institut Vilnius,** Gedimino pr. 5, Vilnius, Tel. 5 2314433/34, www.goethe.de/ins/lt/ vil, Mo.–Fr. 10–13 und 14–17 Uhr

MEDIZINISCHE VERSORGUNG

Das litauische Gesundheitssystem ist gut organisiert. Die Adressen **deutsch sprechender Ärzte** erfährt man in den Botschaften, auch große Hotels helfen in Notfällen schnell weiter. In dringendsten Fällen sollte man direkt ein **Krankenhaus** aufsuchen. Die Behandlung in privaten Kliniken oder bei privaten Ärzten ist oft besser als in staatlichen Einrichtungen – aber auch teurer.

Auf der gesundheitlich sicheren Seite ist man, wenn man nur **abgekochtes**

Leitungswasser trinkt. Bei Langzeitaufenthalten sind für alle, die auch andere Teile des Landes bereisen wollen, **Impfungen** gegen **Hepatitis** und **Tollwut** angeraten. Von April bis Oktober empfiehlt das Auswärtige Amt zudem eine Impfung gegen **Zeckenbisse**. Für reine Städtereisende ist sie aber nicht unbedingt notwendig.

Was früher der Auslandskrankenschein war, ist für **Deutsche** und **Österreicher** heute die europäische **Krankenversicherungskarte (EHIC)**. Wenn man sie vorlegt, wird man im Krankenhaus oder beim Arzt in Notfällen kostenlos behandelt, sofern die medizinische Einrichtung dem **nationalen Gesundheitssystem** angeschlossen ist (eine Liste dieser Ärzte und Kliniken findet sich unter www.vlk.lt). Alle anderen Institutionen und auf eigene Rechnung arbeitende Mediziner – dazu gehören so gut wie alle Zahnärzte – werden auf **Vorkasse** bestehen. In diesem Fall reicht man die vom Arzt unterschriebene und detaillierte Rechnung anschließend bei seiner Krankenkasse ein. Es ist auch nicht verkehrt, für eventuelle Zusatzkosten wie Privatbehandlung oder Krankenrücktransport eine zusätzliche Reisekrankenversicherung abzuschließen.

Schweizer Bürger sollten bei ihrer Krankenversicherung nachfragen, ob in ihrer Police auch eine Versicherung für Litauen enthalten ist.

Apotheken *(vaistinė)* sind in der Regel von Montag bis Freitag zwischen 8 und 19 Uhr geöffnet. Viele Medikamente sind rezeptfrei erhältlich und oft preisgünstiger als gewohnt.

VILNIUS

✚**158** Baltijos Amerikos Klinika (Amerikanisch-Baltische Klinik), Nemenčinės pl. 54a, Vilnius, Tel. 5 2342020, www.bak.lt, tgl. 24 Stunden geöffnet

✚**159** [J9] Seimos Medicinos Centras (Ambulanz), Pylimo g. 9, Vilnius, Tel. 5 2608684, Mo.-Fr. 8-20, Sa. 9-15 Uhr

✚**160** [L9] Vokiečių vaistinė (Apotheke), Didžioji g. 13, Vilnius, Tel. 5 2124232, Mo.-Fr. 8-19, Sa.-So. 10-16 Uhr

✚**161** [J8] Zahnklinik (Vilnius), Universiteto g. 2, Tel. 5 2312952, Mo.-Fr. 8-20 Uhr

KAUNAS

✚**162** [gj] Kauno Raudonojo Kryžiaus ligoninė (Rot-Kreuz-Hospital), Laisvės al. 17, Kaunas, Tel. 37 425919, www.krkkl.lt, tgl. 24 Stunden geöffnet

✚**163** [fi] Farma-Apotheke, Savanorių pr. 66, Kaunas, tgl. 24 Stunden geöffnet

✚**164** Zahnklinik Vis Vitalis, Savanorių pr. 241-56, Kaunas, Tel. 37 798888, www.visvitalis.lt, Mo.-Fr. 8-20 Uhr

MIT KINDERN UNTERWEGS

Kinder kommen in Litauen ebenfalls auf ihre Kosten, allerdings weniger in den Städten als in den Märchen- und Freizeitparks. Sprachhürden erschweren für deutschsprachige Kinder manches Angebot in Museen und anderen Musentempeln. Die folgenden Tipps machen allerdings nur wenig oder keine Probleme!

▶ *Zu den stummen Helden im Wachsfigurenkabinett (s. S. 32) von Vilnius zählen auch die „Shreks"*

●**165** [C3] **Aqua-Park „Vichy"**, Ozo g. 14c, Vilnius, www.vandensparkas.lt, Tel. 5 2111112, Mo.–Fr. 12–22, Sa.–So. 10–22 Uhr, Preise je nach Aufenthaltsdauer 59–69 Lt. Wasserpark für Jung und Alt mit mehreren Rutschbahnen (die längste ist fast 200 m lang), außerdem Saunen und künstliche Wasserfälle.

166 **Anupriškės Parkas**, Trakų raj., Anupriškių km. (Bezirk Trakai), Tel. 61144445, www.anupriskes.lt. Ferien- und Freizeitpark bei Trakai, beliebter Kletterpark in einem riesigen Waldgelände, tgl. 10–18.30 Uhr, Eintritt: 12–62 Lt

●**167** **Kukuruzulabirintas (Korn-Labyrinth)**, Kornfeld an der Straße E 28 von Vilnius nach Trakai, 18 km von Vilnius entfernt, www.kukuruzulabirintas.lt, Tel. 67540968, August–Oktober: Mo.–Fr. 18–20, Sa.–So. 11–20 Uhr, 8 Lt. Natürlicher Irrgarten in einem riesigen Maisfeld.

●**168** [A8] **Pasaku-Park.** Kleiner, 1986 angelegter Märchengarten im Westen der Stadt. Dort können Kinder zwischen Holzfiguren mit litauischen Märchenmotiven kostenlos toben.

★**169** **Zoo Kaunas**, Radvilėnų pl. 21, Kaunas, Tel. 37 332540, www.zoosodas.

lt, April–Mitte Oktober 9–19 Uhr, Aquarium Mo.–Fr. 10–17, Sa.–So 10.30–18 Uhr, 12 Lt (Kinder unter 5 Jahren frei). Knapp 3000 Tiere haben in Litauens einzigem Zoo ihr Zuhause, mitten in einem Park und etwas außerhalb der Stadt.

NOTFÄLLE

NOTRUFNUMMERN

Die **zentrale Notrufnummer** für Feuerwehr, Polizei und Ambulanz lautet **Tel. 112.** Diese Nummer kann sowohl aus dem Festnetz als auch vom Mobiltelefon aus angerufen werden. Aus dem Festnetz gelten zudem noch folgende Nummern:

❯ **Feuerwehr:** Tel. 01
❯ **Polizei:** Tel. 02
❯ **Ambulanz:** Tel. 03

KARTENVERLUST

Deutsche Kunden, die ihre **Kreditkarte, Maestro(EC)-Karte** oder ihr **Handy** verloren haben, können sie über die **zentrale Sperrnummer** Tel. +49 116116 blockieren lassen. Man sollte sich möglichst vor dem Reiseantritt die wichtigsten Daten wie Bankleitzahl, Kartennummern und Gültigkeitsdauer notieren, da diese bei der Sperrung abgefragt werden können. Weitere Infos: www.kartensicherheit. de („Kartensperrung").

Für **Österreicher und Schweizer** gibt es zurzeit noch keine zentrale Sperrnummer, deshalb sollten sie sich vor der Reise bei den zuständigen Banken und Handy-Providern über die Modalitäten informieren.

ÖFFNUNGSZEITEN

❯ **Geschäfte:** Mo.–Fr. 10–19, Sa. 10–18 Uhr, aber auch sonntags haben die meisten Läden geöffnet. Große Einkaufszentren und Lebensmittelgeschäfte sind in der Regel von 9/10 bis 22 Uhr geöffnet. Getränke, Lebensmittel und Zeitungen gibt es auch an Tankstellen, die zum Teil 24 Stunden offen haben. Alkohol wird allerdings nur bis 22 Uhr verkauft!
❯ **Banken:** Mo.–Fr. 8–17/18 Uhr
❯ **Museen:** Die meisten Museen sind montags geschlossen, einige auch dienstags, ansonsten ist die Kernöffnungszeit von 11 bis 18 Uhr, oft ist aber eine Stunde vorher Kassenschluss!

POST

Postämter sind in der Regel montags bis freitags von 8 bis 18 Uhr geöffnet, samstags von 8 bis 13/14 Uhr. **Briefmarken** verkaufen auch alle größeren Hotels und Kioske, **Briefkästen** sind gelb. Postkarten und Briefe (bis 20 g), die innerhalb der Europäischen Union verschickt werden, müssen mit 2,45 Lt bzw. 2,95 Lt **frankiert** werden

(in andere Länder 2,90 bzw. 3,35 Lt) und sind in der Regel zwei bis drei Tage unterwegs. Aktuelle Portotarife und Anschriften weiterer Postämter finden sich unter www.post.lt.

✉ **170** [K8] **Hauptpostamt Vilnius,** Gedimino pr. 7, Mo.–Fr. 7–19, Sa. 9–16 Uhr
✉ **171** [ej] **Hauptpostamt Kaunas,** Laisvės al. 102, Mo.–Fr. 7–19, Sa. 7–17 Uhr

RADFAHREN

Fahrräder können ohne Probleme nach Litauen mitgenommen werden. Allerdings gilt es, vorher Kosten und Nutzen gegeneinander abzuwägen, da man auch vor Ort einen Drahtesel leihen kann. So vermietet z. B. in **Kaunas** die Touristeninformation (s. S. 114) Fahrräder, in **Vilnius** leihen Hotels wie das Scandic Neringa (s. S. 123) ihren Gästen kostenlos Räder aus. Außerdem gibt es mehrere weitere **Verleihstationen.**

Inzwischen stellen sich die Städte mit dem Bau eigener Wege neben den Autospuren immer mehr auf die Fahrradfahrer ein. Allein Vilnius zählt heute rund 100 km eigens ausgewiesene **Radwege** und auch immer mehr **Parkstationen** für die Drahtesel. Kein Wunder, dass Stadtrundfahrten per Rad sehr gefragt sind.

❯ Allgemeine Informationen zum Fahrradfahren im Baltikum erhält man unter www.BaltiCCycle.eu.
🚲 **172** [L8] **Velo-City,** Bernardinų g. 10, **Vilnius,** Tel. 67412123, www.velo-city. lt, Mo.–Do. 10–20, Fr.–So. 10–21 Uhr, Tagespreis: 10 €, Stundenpreis: ab 3 €
❯ **Bike2Ride,** Laisvės al. 36, **Kaunas,** in der Touristeninformation (s. S. 114), Tel. 37 323436, www.2ride.lt, Mo.–Fr. 9–18, Sa.–So. 10–18 Uhr, Stundenpreis: ab 10 Lt

SCHWULE UND LESBEN

Für internationale Gay-Portale ist Litauen im Internet oft ein **weißer Fleck**. Das liegt vor allem am **schlechten öffentlichen Ansehen** von Schwulen und Lesben bzw. deren gesellschaftlicher Stellung im Land. So gilt etwa seit 2009 ein Gesetz, das allein schon die öffentliche Diskussion über Gleichgeschlechtlichkeit in Schulen und anderen Kindern zugänglichen Einrichtungen **unter Strafe** stellt. Nur knapp zuvor war ein Gesetzentwurf gescheitert, der für die „Propagierung von Homosexualität" Haftstrafen von bis zu drei Jahren vorsah. Ausgesprochene Gay-Treffs sind in Litauen deshalb selten.

⊙**173** [I9] **Soho,** Švitrigailos g. 7/16, Vilnius, Tel. 69939567, www.sohoclub. lt, Do. 22–4, Fr.– Sa. 22–7 Uhr, Eintritt (von 23.30–4 Uhr): 19 Lt

⊙**174** [I10] **X-Factory,** T. Ševčenkos g. 16, Vilnius, Tel. 65060601, www.gayclub. lt, tgl. 22–6 Uhr, Klub für Homo- und Bisexuelle ab 18 Jahren, zu dem seit Neuestem auch der im selben Gebäudekomplex gelegene **Klub X-Glamour** gehört, der allerdings nur Sa. (22–6 Uhr) und So. (19–24 Uhr) geöffnet ist. Eintritt ca. 25 Lt.

SICHERHEIT

In den Innenstädten von Vilnius oder Kaunas kann man sich sicher fühlen, solange man ein paar Verhaltensregeln beherzigt. Dazu gehört, teuren Schmuck, Uhren oder andere **Wertsachen** am besten zu Hause zu lassen oder sie zumindest nicht öffentlich zur Schau zu tragen. Besondere Vorsicht gilt an Flughäfen und Bahnhöfen, wo man niemals sein **Gepäck** unbeaufsichtigt lassen sollte. **Taschendiebe** haben es vor allem auf Rucksäcke, Kameras und Handtaschen abgesehen, die man ebenfalls nicht aus den Augen lassen darf.

Unbeleuchtete Straßen sollte man nachts ebenso meiden wie **Parks** und **abgelegene Stadtviertel**. Vorsicht ist auf jeden Fall geboten, wenn einen **fremde Personen** zu einem **Drink** einladen. „Beim Besuch von Nachtlokalen und Diskotheken", warnt die österreichische Botschaft ganz offiziell, „ist Vorsicht beim Genuss unverlangt angebotener Getränke angebracht." Unter Umständen werden die Eingeladenen mit **Betäubungstropfen** willenlos gemacht und dann ausgeraubt.

Reisende mit Auto sollten nur **bewachte Parkplätze** nutzen und keine Wertsachen, Papiere oder Gepäckstücke im Auto (auch nicht im Kofferraum) zurücklassen. Hilfreich im Schadensfall ist eine **Kopie aller Dokumente** und **Karten** und die Rufnummer zur **Kartensperrung** (s. S. 117). Im Falle eines Autoaufbruchs, Diebstahls oder anderer krimineller Delikte wendet man sich an die **Polizei** (die **zentrale Notrufnummer ist Tel. 112**).

🐾**175** [K10] **Polizei Vilnius,** Pylimo g. 52, Tel. 5 271629, Mo.–Fr. 8–17 Uhr (auch auf Deutsch)

🐾**176** [gj] **Polizei Kaunas,** Vytauto pr. 91, Tel. 37 223726 (täglich 24 Stunden erreichbar)

SPRACHE

Die offizielle Amtssprache in Litauen ist **Litauisch**. **Polnisch** und **Russisch** sind aber ebenfalls häufig zu hören. Inzwischen sprechen viele junge Leute aber auch **Englisch**. Vor allem im Tourismusgewerbe, z.B. in Hotels und Museen, kommt man so weiter.

Im Anhang dieses Buches findet sich eine kleine Sprachhilfe Litauisch (s. S. 128). Für weitere Studien empfiehlt sich der Band „**Litauisch – Wort für Wort**" aus der Reihe Kauderwelsch des REISE KNOW-HOW Verlags.

STADTTOUREN

VILNIUS

Per **Fahrrad, Bus** oder zu **Fuß** – und seit Neuestem auch per **Segway** – geleiten professionelle Führer den Besucher durch Vilnius. Von Mitte Mai bis Mitte September gibt es täglich um 14 Uhr eine zweistündige Führung zu den wichtigsten Sehenswürdigkeiten der Stadt – Di., Do. und Sa. in deutscher Sprache, sonst auf Englisch. Die Touren starten am Glockenturm vor der **Kathedrale** ❷ und können in den Tourismusinformationszentren (s. S. 113) der Stadt oder direkt vor der Führung gebucht werden (Preis: 35 Lt).

Wer es individueller mag, kann sich in den Touristeninformationen in der Vilniaus gatvė oder der Didžioji gatvė einen **Audioguide** leihen, mit dessen Hilfe man die Stadt und ihre Geschichte selbstständig entdecken kann. Der auch in deutscher Sprache erhältliche Audioguide führt zu knapp 100 Stationen und wird in zwei Varianten als längere und kürzere Tour angeboten (Preis: 35 Lt).

Außerdem gibt es in englischer und deutscher Sprache mehr als ein Dutzend zwei- oder dreistündige **Spezialführungen.** So führen Routen zu den schönsten Innenhöfen, die man sonst kaum finden würde, zu beeindruckenden Stadtpanoramen, Kirchen und Schreinen, kurz: zu wundersamen Plätzen und verborgenen

Schätzen der Stadt. Auch kulinarische Streifzüge durch Vilnius oder ins Künstlerviertel Užupis, Folkloreabende oder Besuche bei Kunsthandwerkern werden auf Wunsch gern professionell organisiert. Die Touristeninformationen (s. S. 113) helfen bei der Buchung gern weiter!

Für Fußfaule gibt es seit Neustem spezielle **Stadtrundfahrten** in kleinen **Elektrofahrzeugen,** deren Fahrer ihre Gäste auf Wunsch auch im Hotel abholen. Im Angebot sind ein- bis dreistündige Touren zu den wichtigsten Touristenzielen. In der Regel stehen die Elektromobile vor dem Alten Rathaus in der Didžioji gatvė, wo man sie auch für Einzelfahrten in Anspruch nehmen kann. Dann bestimmt der Gast den Weg.

❯ Info-Tel. 5 2532115 oder tours@vilnius.lt

Wer die Stadt per **Sightseeingbus** kennenlernen will: Mittwochs bis sonntags starten am Kathedralen- und

057 vl Abb.: gs

Rathausplatz gelbe Busse ab 10 bzw. 10.30 Uhr zur Rundfahrt.

❯ Dauer: 100 Minuten. Preis pro Person: 50 Lt (Kinder bis 17 Jahre 21 Lt). Audioguide auch in deutscher Sprache! Vorausbuchungen: +370 65566830.

Seit Kurzem geht es auch per **Segway** durch Vilnius – eine sicher ungewöhnliche Art der Stadterkundung.

S177 [K9] **Super Segway**, Vilniaus g. 45, Vilnius, www.supersegway.com, Tel. 5 2620215, Mo.–Fr. 10–12 Uhr, Stundenpreis: 80 Lt

Die sicher interessanteste Art, Vilnius zu erkunden, ist mit einem **Heißluftballon**. Bei gutem Wetter und Bedarf startet er das ganze Jahr über. Die Fahrt dauert rund eine Stunde, die Vor- und Nachbereitung mindestens die doppelte Zeit. 3 bis 5 Gäste haben in der Gondel Platz. Voranmeldung erforderlich!

❯ Preis für Einzelreisende ab 399 Lt, Info-Tel. 65200510 oder www.ballooning.lt

KAUNAS

Auch Kaunas bietet eine Reihe von Stadtführungen an. Neben einer allgemeinen **Stadtrundfahrt** per Bus, gibt es Exkursionen ins **unterirdische Kaunas**, **Wanderungen** auf den Spuren der ehemaligen litauischen Hauptstadt und ein Ausflug in eine der **ältesten Brauereien des Landes**. Infos gibt es bei der Touristeninformation der Region Kaunas (s. S. 114).

TELEFONIEREN

Mobiltelefone funktionieren dank dreier Mobilfunknetze fast immer. Wer viele örtliche Gespräche führen will, kann vor Ort eine SIM-Karte kaufen, die es an vielen Kiosken gibt. Noch preiswerter ist unter Umständen die Verwendung von Prepaid-Karten.

Gespräche vom **Hotel** aus sind teurer, preiswerter sind Gespräche von **öffentlichen Kartentelefonen** *(Taksofonas)*. Die passenden Karten gibt es bei der Post (s. S. 118), an Kiosken und Tankstellen. Die kostenpflichtige, englischsprachige Auskunft ist unter Tel. 118 zu erreichen.

Bei Anrufen nach Litauen wählt man nach der **internationalen Vorwahl +370** die **Städtevorwahl** (für Vilnius die **5**, für Kaunas die **37**) und anschließend die sechs- (Kaunas) oder siebenstellige (Vilnius) lokale **Rufnummer**. Telefonnummern, die mit der Ziffer **6** beginnen, sind **Handynummern!**

Bei **Ortsgesprächen** in Litauen wählt man innerhalb der Tarifzonen nur die sechs- oder siebenstellige lokale Rufnummer. Bei **nationalen Ferngesprächen** oder **Verbindungen zu Mobiltelefonen** muss man vor der Städtevorwahl immer die **Ziffer 8** wählen.

VORWAHLEN

Bei Gesprächen nach Deutschland, Österreich oder in die Schweiz wählt man die jeweilige Landesvorwahl, dann die Städtevorwahl ohne die Null und schließlich die eigentliche Rufnummer.

❯ Deutschland   +49
❯ Österreich   +43
❯ Schweiz   +41

◀ *Voll im Trend: eine Stadtrundfahrt in Vilnius mit dem Segway*

TIERE

Man kann gern seinen **Hund** nach Litauen mitnehmen. Auf alle Fälle aber sollte man sich vorher im Hotel erkundigen, ob der Vierbeiner dort auch gern gesehen ist. Selbiges gilt auch für Restaurants und Cafés. Alle Tiere brauchen einen sogenannten EU-Heimtierausweis, den der Tierarzt ausstellt – und den Nachweis einer aktuellen Impfung gegen Tollwut. Außerdem sollte das Tier zur eindeutigen Identifizierung mit einem implantierten **Mikrochip** gekennzeichnet sein, der ab Juli 2011 ausschließlich als Identifikationsmittel anerkannt wird! Hunde müssen unter Umständen einen Maulkorb tragen. Weitere Informationen findet man unter www.vet.lt.

UHRZEIT

In Vilnius und Kaunas gilt die **Osteuropäische Zeit**, die der Mitteleuropäischen Zeit (MEZ) um **eine Stunde voraus** ist. Wenn es in Deutschland, Österreich oder der Schweiz 14 Uhr schlägt, ist es in Vilnius oder Kaunas schon eine Stunde später, also 15 Uhr.

UNTERKUNFT

Hotels *(Viešbutis)* und **Motels** sind in Litauen nach einem **Sternesystem** klassifiziert (bis max. 5 Sterne), allerdings sollte man die nicht immer mit den in den meisten westlichen Ländern gewohnten Sternen gleichsetzen. Ratsam ist es, vor Reiseantritt in einem der zahlreichen **Bewertungsportale** im Internet nachzuschauen, wo immer mehr Reisende ihre indi-

■ PREISKATEGORIEN

Angegeben sind die Preise für ein Doppelzimmer ohne Frühstück.

€	ab 10 €
€€	ab 50 €
€€€	ab 80 €
€€€€	ab 120 €

viduellen Erfahrungen in Hotels und Pensionen weitergeben – auch wenn die nicht immer repräsentativ sein müssen.

Abgesehen von Messezeiten oder bei Großveranstaltungen finden auch Spontanreisende fast immer eine Unterkunft. Immer populärer wird auch die Vermietung **privater Zimmer** und **Appartements**. Eine Übersicht über Unterkünfte in Kaunas und Vilnius bietet **www.lithuanianhotels. com**, eine Webseite, die auch immer Schnäppchen im Angebot hat. Dort finden sich auch **Bed-and-Breakfast-Quartiere**, die vor allem bei Rucksackreisenden beliebt sind.

Etwas sollten Unterkunftssuchende noch wissen: Wenn man in Litauen vom **ersten Stock** spricht, meint man oft das Erdgeschoss. Der bei uns gewohnte erste Stock ist in Vilnius oder Kaunas also schon der zweite.

HOTELS

Vilnius

🏠**178** [K6] **Ecotel Vilnius** €, Slucko g. 8, Tel. 5 2102700, www.ecotel.lt. Einfache und preiswerte Zimmer in zentraler Lage mit Bad oder Dusche, WLAN, bewachter Parkplatz.

🏠**179 Le Méridien Vilnius Resort & Convention Center** €€–€€€, Autobahn A2 (19 km außerhalb der Stadt),

Tel. 5 2739700, www.lemeridienvilnius.
lt. 193 Zimmer im 5-Sterne-Golf-Res-
sort vor den Stadttoren, Schwimmbad,
WLAN, an Wochenenden oft unschlagba-
res Preis-Leistungs-Verhältnis.

🏨 **180** [K8] **Novotel** €€-€€€, Gedimino pr.
16, Tel. 5 2666210, www.novotel.com.
Beliebtes und zentral gelegenes Hotel,
Satellitenfernsehen, WLAN, Fitnessraum,
Sauna, Parkgarage gegenüber.

🏨 **181** [L10] **Radisson Blu Astorija** €€€-€€€€,
Didžioji g. 35, Tel. 5 2120110, www.
radissonblu.com/hotel-vilnius. Zent-
ral gelegenes 5-Sterne-Haus, WLAN,
Kabelfernsehen und Fitnessräume,
Schwimmbad, Sauna, reichhaltiges
Frühstücksbuffet.

🏨 **182** [J6] **Radisson Blu Hotel
Lietuva** €€-€€€, Konstitucijos pr. 20,
Tel. 5 2726272, www.radissonblu.
com/lietuvahotel-vilnius. Mit 291 Zim-
mern Litauens größtes Hotel (vormals
Reval Hotel), spezielle Zimmer für Aller-
giker, WLAN, tierfreundlich, preiswerter
Mittagslunch.

🏨 **183** [L9] **Relais & Chateau Hotel
Stikliai** €€€€, Gaono g. 7, Tel. 5 2649595,
www.stikliaihotel.lt. 5-Sterne-Haus der
Extraklasse inmitten der Altstadt. Minis-
ter steigen hier ebenso ab wie Popstars.
Hier hat der Zeitgeist noch keinen Einzug
gehalten, nach wie vor ist klassische
Eleganz gefragt. Mit feinem Restaurant,
WLAN.

🏨 **184** [J7] **Scandic Neringa** €€-€€€, Gedimino pr. 23, Tel. 5 2681910, www.scan-
dichotels.com. Gründlich renoviertes
Vorzeigehotel aus Sowjetzeiten auf dem
Prachtboulevard der Stadt, kostenlo-
ser Fahrradverleih, WLAN, Tiefgarage,
kinderfreundlich.

Kaunas

🏨 **185** [bj] **Apple Economy Hotel** €€, M.
Valančiaus g. 19, Tel. 37 321404, www.
applehotel.lt. Modern und zweckmäßig eingerichtetes Budget-Hotel in der

Altstadt. Zum Hotel gehört auch ein
Souvenir-Museum, in dem private
Mitbringsel ausgestellt sind – eine
kleine Kitsch-Show.

🏨 **186** [bk] **Daugirdas** €€-€€€€, T. Daugirdo
g. 4, Tel. 37 301561, www.daugirdas.
lt. Zentral, aber doch ruhig gelegenes
Viersternehotel unweit des Rathausplatzes. WLAN, schönes Hotel-Restaurant in
gotischem Gewölbe.

🏨 **187** [bj] **Kauno Arkivyskupijos** €, Rotušės
a. 21, Tel. 37 322597. Gästehaus der
katholischen Kirche am Rathausplatz mit
21 preiswerten Zwei- und Dreibettzim-
mern, WLAN, einige Zimmer mit Satellitenfernsehen. Alkohol ist in dem Kirchen-
gebäude verboten!

▲ *Das Hotel Daugirdas
mit seinem Innenhof*

🏨**188** [gj] **Park Inn Kaunas** €€-€€€€, K. Donelaičio g. 27, Tel. 37 306100, www.kaunas.rezidorparkinn.com. Businesshotel mit 206 Zimmern im ehemaligen Reval-Hotel, eigenes Restaurant („Diverso"), Sauna und Fitnessraum, WLAN, Satellitenfernsehen, tierfreundlich, Wochenendrabatte.

🏨**189** **Pažaislis Park Hotel** €€-€€€, T. Masiulio g. 18, Kaunas, Tel. 61463664, www.pazaislisparkhotel.eu. Zehn große, individuell ausgestattete Zimmer in einem privat geführten Hotel, weit außerhalb der Stadt in der Nähe des Klosters Pažaislis.

🏨**190** **Perkūno Namai Park Hotel** €€, Perkūno g. 61, Tel. 37 320230, www.perkuno-namai.lt. Familiengeführtes Hotel mit 29 geräumigen Zimmern, stadtnah in grüner Umgebung, Restaurant im Haus.

JUGENDHERBERGEN

Vilnius

🛏️**191** [K11] **A Hostel** €, Šv. Stepono g. 15, Tel. 5 2139994, www.ahostel.lt. Neues Jugendhotel mit 4- und 8-Bettzimmern, Schließfächer für Gepäck und Wertsachen.

🛏️**192** [K9] **Hostelgate** €, Šv. Mikalojaus g. 3, Tel. 63832818, www.hostelgate.lt. Kleine Herberge in der Altstadt mit Mehrbettzimmern und einem Doppelzimmer.

Kaunas

🛏️**193** **Hostel 10** €, Neries krantinė 16, Tel. 37 302218, www.hostel10.lt. 15 Zimmer mit einfachen Betten etwas abseits des Stadtzentrums, Bushaltestelle vor der Haustür, WLAN.

▶ *Oberleitungsbusse prägen den öffentlichen Verkehr in Kaunas und Vilnius*

CAMPING

Was Service und Ausstattung angeht, müssen verwöhnte Camper in Litauen einige Abstriche machen. Außerdem liegen die Plätze oft weit von den Innenstädten entfernt. Für Vilnius-Besucher kommen mehrere Plätze in die engere Wahl, für Kaunas eigentlich nur ein einziger:

⛺**194** **Campingplatz Harmonie**, Traku g., Bukles km., Rūdiškės, Tel. 5 2859291, www.harmonielitouwen.nl. Romantischer Waldplatz mit modernen Sanitäranlagen zwischen Vilnius und Trakai, unter holländischer Leitung.

⛺**195** **Campingplatz Slėnyje**, Slėnio g. 1, Trakai, www.camptrakai.lt, Tel. 68611136. 30 Stellplätze, Appartements und Ferienhäuser, ganzjährig geöffnet.

⛺**196** [D10] **Vilnius City Camping**, Laisvės pr. 5, Tel. 68032452, www.camping.lt/vilniuscity. Einfacher Zelt- und Stellplatz weit außerhalb der Stadt. Geöffnet: Juni–September, 8–22 Uhr.

⛺**197** **Kaunas City Camping**, Jonavos g. 51a, www.kaunascamping.eu, Tel. 61809407. Schön gelegener Platz am Neris-Ufer nördlich der Stadt, für Zelter und 50 Wohnmobile. Bushaltestelle vor der Tür!

VERHALTENSTIPPS

❯ Handel, Besitz und Konsum von **Drogen** sind in Litauen verboten und werden strafrechtlich mit vergleichsweise hohen Bußen verfolgt.

❯ **Prostitution** ist in Litauen strafbar, mit Polizeikontrollen in einschlägigen Herbergsbetrieben ist immer zu rechnen!

❯ In Litauen gilt die 0,4-Promille-Grenze. Wer **alkoholisiert am Steuer** erwischt wird, den erwartet eine hohe Strafe. Oft ist man auch seinen Führerschein los!

Tabu ist der Alkoholkonsum auch auf **öffentlichen Plätzen.** Wer mehrmals dagegen verstößt, kann im Gefängnis landen!

❭ Viele Dienstleister – vom Taxifahrer bis zur Kellnerin – erwarten **Trinkgelder,** da die Löhne in Litauen im Vergleich zu Westeuropa niedriger sind. 5 bis 10 Prozent sind üblich. Manche Restaurants oder Klubs stellen allerdings oft schon einen Bedienungszuschlag in Rechnung.

❭ Sollte man eingeladen werden, freuen sich die Gastgeber über ein kleines **Geschenk** – etwa über einen Bildband aus Deutschland oder einen persönlich ausgesuchten Wein. Gern gesehen sind auch **Blumen,** deshalb ist der Blumenmarkt (s. S. 17) in Vilnius täglich rund um die Uhr geöffnet. Allerdings sollte man darauf achten, immer nur eine ungerade Zahl von Blumen zu verschenken. Nur bei Beerdigungen wird eine gerade Anzahl von Blumen aufs Grab gelegt.

❭ In Litauen wird das **Datum** oft anders als bei uns gewohnt geschrieben, dabei steht die Jahreszahl am Anfang und es folgen Monat und Tag. 2011.4.8 bedeutet also 8. April 2011.

❭ Die Litauer **begrüßen** Gäste meist per Handschlag, manchmal ergänzt von einem Klaps auf die Schulter. Umarmungen und Küsschen auf die Wangen sind nur unter engen Freunden üblich.

VERKEHRSMITTEL

BUS

Innerhalb der Städte verkehren **Busse** und **Oberleitungsbusse** (Trolleybusse), und zwar von frühmorgens bis abends. In Spitzenzeiten fahren sie auf den wichtigsten Routen mindestens alle Viertelstunde. In **Kaunas** sind die Busse im Allgemeinen bis 22 Uhr unterwegs, in **Vilnius** bis gegen 23 Uhr. Allerdings sollte man die frühen Morgen- und die Feierabendstunden meiden, da die Fahrzeuge dann oft überfüllt sind.

Jeder Bus ist mit einer **Nummer** gekennzeichnet, betreten darf man sie seit Kurzem nur noch vorne an der Fahrertür. Reisende mit **großen Koffern** müssen für jedes zusätzliche, sitzgroße Gepäckstück ein weiteres Ticket beim Fahrer lösen. Am besten kauft man seine **Fahrkarte** schon vorher an einem der Kioske *(Spauda kiosk),* die über das ganze Stadtgebiet verstreut sind.

In **Vilnius** kosten die Tickets im Vorverkauf 2 Lt und im Bus 2,50 Lt. Der Preis für eine Tageskarte beträgt 13 Lt, ein 3-Tages-Ticket schlägt mit 23 Lt zu Buche, ein Zehn-Tages-Ticket mit 46 Lt. In **Kaunas** zahlt man für ein Einzelticket am Kiosk 1,80 Lt und beim Fahrer 2 Lt, das 3-Tages-Ticket kostet 16 Lt.

Über die konkreten Streckenführung informieren die Webseiten der Verkehrsbetriebe auch in englischer Sprache.

❭ www.vilniustransport.lt

❭ www.kvt.lt

● **198** [L11] **Internationale Busstation Vilnius,** Sodų g. 22

● **199** [hl] **Internationale Busstation Kaunas,** Vytauto pr. 24

059vl Abb.: gs

Neben den städtischen Bussen und Trolleybussen gibt es auch zwei **private Buslinien** (*Privatus autobusai),* die oft auf den gleichen Routen wie die öffentlichen Busse verkehren. **Tickets** für die privaten Busse gibt es beim Schaffner.

Recht zügig kommt man mit dem sogenannten **Maršrutiniai taksi** voran. Das sind private, häufig gelbe **Minibusse,** die zu allen wichtigen Zielen fahren. Offizielle Haltestellen kennen die Minibusse nicht. Wer einsteigen will, winkt den Bus auf der Straße heran. Wenn man aussteigen will, muss man dies dem Fahrer mitteilen, der auch die Tickets verkauft.

TAXI

Taxis (*Taksi*) haben Leuchtschilder und können auf der Straße **angehalten** werden, wenn man sie **per Telefon bestellt,** ist es aber oft billiger. Hotelrezeptionen und Restaurantkellner sind einem bei einer Bestellung gern behilflich. Über die Webseite **www.etaksi.lt** können in Vilnius und Kaunas Taxis auch online vorbestellt werden. Die Ankunft wird dann per SMS gemeldet.

Taxifahrten vom **Flughafen** in die Innenstadt von Vilnius kosten ca. 50 Lt. Fahrten in der **Altstadt** kosten rund 20 Lt. Ratsam ist es, den ungefähren **Fahrpreis** vor Fahrtantritt zu erfragen. Als Richtschnur dient ein Kilometerpreis von 2,50 bis 3 Litas. Nachts und bei schlechtem Wetter wird ein **Zuschlag** erhoben. Und wichtig: Auch in den Taxis müssen sich die Gäste **anschnallen!**

Wer etwas Ausgefallenes sucht, Vilnius hat auch **Fahrradtaxis** (Preis: 50 Lt für 30 Minuten), die über die Touristeninformation (s. S. 113) oder an der Hotelrezeption gebucht werden

können. Mit den Fahrradtaxis werden auch komplette, neunzigminütige **Stadtführungen** angeboten (Preis: 150 Lt).

❱ **Velotaksi,** Bernhardinų g. 10, Tel. 5 2162671, www.velotaksi.lt, tgl.10 – 18 Uhr

Taxiunternehmen in Vilnius
❱ **Ekipazas,** Tel. 1446
❱ **Martonas,** Tel. 1422
❱ **Mersera,** Tel. 1421

Taxiunternehmen in Kaunas
❱ **Taxi Kaunas,** Tel. 60114411, www.taxikaunas.lt

WETTER UND REISEZEIT

Vilnius und Kaunas sind zu jeder Jahreszeit eine Reise wert – am besten **zwischen Mai und September,** wenn das Wetter einigermaßen stabil und es nicht mehr so kalt ist. In Vilnius beträgt die jährliche **Durchschnittstemperatur 6,1 °C.** Mai und Juni weisen am meisten Sonnenstunden aus, November und Dezember häufig Regen. Am wärmsten sind die Monate Juni und Juli (17 °C), am kältesten Januar (-5 °C) und Februar. Ein Pullover gehört auch im Hochsommer ins Reisegepäck!

ANHANG

KLEINE SPRACHHILFE LITAUISCH

Die folgenden Hilfslisten, Wörter und Redewendungen wurden dem Reise-sprachführer „Litauisch – Wort für Wort" aus dem REISE KNOW-HOW Verlag entnommen.

LITAUISCHES ALPHABET ZUM BUCHSTABIEREN

a	aa		
ą	a-nußine	k	kaa
b	bä	l	äl
c	tßä	m	äm
ch	ha	n	än
č	tschä	o	oo
d	dä	p	pä
e	ä	r	är
ę	ä-nußine	s	äß
ė	ee	š	schä
f	äf	t	tä
g	gä	u	u-trumpoje
h	hasch	ų	u-nußine
i	i (kurzes i)	ū	uu-ilgoje
į	ii-nußine	v	wää
y	ii-ilgoje	z	sä (stimmhaft)
j	ji (kurzes i)	ž	schä (stimmhaft)

AUSSPRACHE

Folgende Buchstaben(kombinationen) werden eventuell anders als im Deutschen erwartet ausgesprochen.

a	kurzes „a" wie in „Kasten"	ie	„ije" wie in „Geranie"
ą	langes „a" wie in „Laden"	o	langes offenes „o" wie in „Morgen"
ai	wie „ai" in „Mai"	u	kurzes „u" wie in „Kunst"
au	wie „au" in „Maus"	ų	langes „u" wie in „Mut"
e	kurzes und offenes „e" wie in „ä" in „kämmen"	ū	wie ų, also langes „u" wie in „Mut"
ę	langes, offenes „e" (= ä) wie in „ä" in „gähnen"	ui	„uj" wie in „pfui"
ė	langes und geschlossenes „e" wie in „Emil"	uo	„u" und offenes „o" wie in „Wolle"
ei	„ej" wie in engl. „okay"	ch	wie „ch" in „kochen"
i	kurzes „i" wie in „Tick"	c	wie „z" in „Konzert"
į	langes „i" wie in „Tiger"	č	wie „tsch" in „Datscha"
y	wie į, also langes „i" wie in „Tiger"	r	gerolltes bayrisches „r"
		š	wie „sch" in „Tasche"
		v	wie „w" in „Wald"
		z	stimmhaftes „s" wie in „summen"
		ž	wie das „g" in „Gelee"

DIE ZAHLEN

0	*nulis*	20	*dvidešimt*
1	*vienas*	21	*dvidešimt vienas*
2	*du*	22	*dvidešimt du*
3	*trys*	23	*dvidešimt trys*
4	*keturi*	30	*trisdešimt*
5	*penki*	40	*keturiasdešimt*
6	*šeši*	50	*penkiasdešimt*
7	*septyni*	60	*šešiasdešimt*
8	*aštuoni*	70	*septyniasdešimt*
9	*devyni*	80	*aštuoniasdešimt*
10	*dešimt*	90	*devyniasdešimt*
11	*vienuolika*	100	*šimtas*
12	*dvylika*	101	*šimtas vienas*
13	*trylika*	115	*šimtas penkiolika*
14	*keturiolika*	125	*šimtas dvidešimt penki*
15	*penkiolika*	130	*šimtas trisdešimt*
16	*šešiolika*	200	*du šimtai*
17	*septyniolika*	300	*trys šimtai*
18	*aštuoniolika*	1000	*tūkstantis*
19	*devyniolika*	2000	*du tūkstančiai*

DIE WICHTIGSTEN FRAGEWÖRTER

kur?	wo? wohin?	*kuri(s)?*	welche(r)?
iš kur?	woher?	*kiek?*	wie viel?
kas?	wer? was?	*kada?*	wann?
kodėl?	warum?	*nuo kada?*	seit wann?
kaip?	wie?	*kam?*	wem? wozu?

DIE WICHTIGSTEN RICHTUNGSANGABEN

dešineje	rechts	*dešinėn*	nach rechts
kaireje	links	*kairėn*	nach links
tiesiai	geradeaus	*atgal*	zurück
prieš	gegenüber	*vis toliau*	immer weiter
toli	weit	*arti*	nah
sankryža	Kreuzung	*šviesoforas*	Ampel
už miesto	außerhalb der Stadt	*centre*	im Zentrum
čia	hier	*iškarto čia*	gleich hier
ten	dort	*už kampo*	um die Ecke
šalia	neben, bei	*gatvė*	Straße
pastatas	Gebäude	*turgaus vieta*	Marktplatz

DIE WICHTIGSTEN ZEITANGABEN

vakar	gestern	*vakarais*	abends
siandien	heute	*naktimis*	nachts
rytoj	morgen	*kiekviena diena*	täglich
poryt	Abermorgen	*buves*	früher
rytais	morgens	*vėliau*	später
pietų metų	mittags	*dabar*	jetzt
popiet	nachmittags	*netrukus*	bald
tuojau	gleich	*dažnai*	oft
retai	selten	*kartais*	manchmal

DIE WICHTIGSTEN FRAGEN

Čia ...?	Gibt es ...?
Ar turite ...?	Haben Sie ...?
Aš ieškau ...	Ich suche ...
Aš norėčiau ...	Ich möchte ...
Prašom duoti ...	Geben Sie mir bitte ...
Kur galima nusipirkti ...?	Wo kann man ... kaufen?
Kas yra čia?	Was ist das?
Kiek kainuoja ...?	Wie viel kostet ...?
Kiek kainuoja nuvežimas *į ...?*	Wie viel kostet die Fahrt nach ...?
Kur yra ...?	Wo ist/befindet sich ...?
Kaip aš galiu nuvažiuoti *į ...?*	Wie komme ich nach ...?
Kaip nueiti į viešbutį?	Wie kommt man zum Hotel?
Kaip toli iki ten?	Wie weit ist es bis dorthin?
Ar jis traukinys į ...?	Ist das der Zug nach ...?
Kuriuõ autobusu galima *nuvažiuoti iki centro?*	Mit welchem Bus kommt man ins Zentrum?
Kelintą valandą šis *autobusas vyks į ...?*	Wann fährt der Bus nach ...?
Kada važiuos *kitas / paskutinis* *autobusas / traukinys?*	Wann fährt der nächste / letzte Bus / Zug?
Aš nõriu į ...	Ich möchte nach ...
Prašau nuvežkite mane *į ...*	Bringen Sie mich bitte nach ...

DIE WICHTIGSTEN FLOSKELN

taip	ja	*Aš linkiu tau /*	Ich wünsche dir /
ne	nein	*Jums*	Ihnen
Ačiū!	Danke!	*visa geriausio!*	alles Gute!
Prašom!	Bitte!	*Gerai!*	In Ordnung!
Nėra už ką!	Keine Ursache!	*Sutinku.*	Einverstanden.
Laba diena!	Guten Tag!	*Nežinau.*	Ich weiß nicht.
Sveiki atvykę!	Herzlich willkommen!	*Gero apetito!*	Guten Appetit!
Kaip laikotės?	Wie geht es Ihnen?	*Būk sveikas!*	Zum Wohl! Prost!
Kaip laikotais tu?	Wie geht es dir?	*Prašom sąskaitą!*	Die Rechnung, bitte!
Dėkui, neblogai.	Danke, gut.	*Atsiprašau!*	Entschuldigung!
Iki pasimatymo!	Auf Wiedersehen!	*Atleiskite!*	Es tut mir sehr Leid!
Labas!	Hallo! (Sei(d) gegrüßt!)	*Prašau*	Helfen Sie mir bitte!
Ade!	Tschüss! Mach's gut!	*padekite man ... !*	

NICHTS VERSTANDEN? – WEITERLERNEN

Ich habe nicht verstanden.	*Aš nesupratau.*
Ich habe verstanden.	*Aš supratau viską.*
Wiederholen Sie, bitte!	*Prašom pakartoti!*
Sprechen Sie bitte langsamer!	*Prašom kalbėti lėčiau!*
Schreiben Sie das bitte auf!	*Prašom tai užrašyti!*
Wie spricht man das aus?	*Kaip tai tariasi?*
Ich möchte gern Litauisch lernen.	*Aš norėčiau mokytis lietuvių kalbas.*
Sie sprechen gut Litauisch!	*Jūs gerai kalbate lietuviškai!*
Nein, nur ein bisschen.	*Ne, tik truputį.*
Sprechen Sie Deutsch	*Ar Jūs kalbate vokiškai*
Englisch	*angliškai*
Russisch?	*rusiškai?*
Wie heißt ... auf Litauisch?	*Kaip lietuviškai ...!*
... auf Deutsch?	*... vokiškai?*
... auf Englisch?	*... angliškai?*
... auf Französisch?	*... prancūziškai?*
... auf Niederländisch?	*... olandiškai?*
... auf Russisch?	*... rusiškai?*

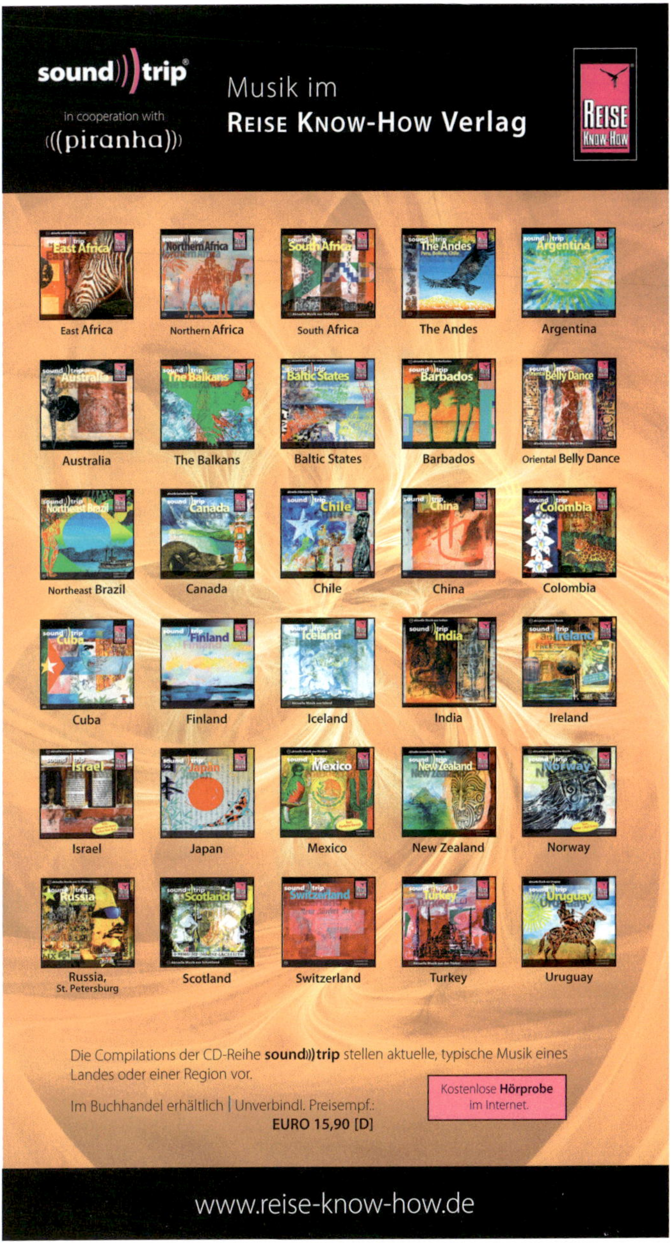
sound))) trip®
in cooperation with
(((piranha)))
Musik im
REISE KNOW-HOW Verlag
REISE KNOW-HOW
East Africa
Northern Africa
South Africa
The Andes
Argentina
Australia
The Balkans
Baltic States
Barbados
Oriental Belly Dance
Northeast Brazil
Canada
Chile
China
Colombia
Cuba
Finland
Iceland
India
Ireland
Israel
Japan
Mexico
New Zealand
Norway
Russia, St. Petersburg
Scotland
Switzerland
Turkey
Uruguay
Die Compilations der CD-Reihe sound)))trip stellen aktuelle, typische Musik eines Landes oder einer Region vor.
Im Buchhandel erhältlich | Unverbindl. Preisempf.: EURO 15,90 [D]
Kostenlose Hörprobe im Internet.
www.reise-know-how.de

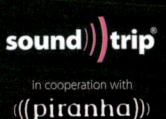

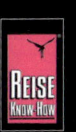

REGISTER

LEGENDE DER KARTENEINTRÄGE

Hier nicht aufgeführte Nummern liegen
außerhalb der abgebildeten Karten.
Ihre Lage kann aber wie bei allen im
Buch vorkommenden Ortsmarken
mithilfe des Internet-Kartenservice
Google Maps™ lokalisiert werden
(s. Umschlagklappe).
Die GPS-Daten aller im Buch beschriebenen Örtlichkeiten stehen außerdem
auf der Produktseite dieses CityTrip-
Titels unter www.reise-know-how.de
zum kostenlosen Download bereit.

ZEICHENERKLÄRUNG

❶ Hauptsehenswürdigkeit	🎵 Musikszene, Disco
[L8] Verweis auf Planquadrat im City-Faltplan	🛡 Polizeistation
	✉ Postamt
➕ ✚ Arzt, Apotheke, Krankenhaus	🍴 Restaurant
🄾 Bar, Bistro, Klub, Treffpunkt	★ Sehenswürdigkeit
🄶 Biergarten, Pub, Kneipe	🆂 Sport-/Spieleinrichtung
🄱 🄱 Bibliothek	● Sonstiges
🄲 Café	✡ Synagoge
𝘈 Denkmal	🄲 🎭 Theater
🄶 Galerie	⚠ Zeltplatz, Camping
🄰 Geschäft, Kaufhaus, Markt	
🏠 Hotel, Unterkunft	
🄾 Imbiss	**BEWERTUNG DER**
🄸 Informationsstelle	**SEHENSWÜRDIGKEITEN**
@ Internetcafé	
🄹 Jugendherberge, Hostel	★ ★ ★ auf keinen Fall verpassen
🕈 Kirche	★ ★ besonders sehenswert
🏛 Museum	★ Sehenswürdigkeit für speziell interessierte Besucher

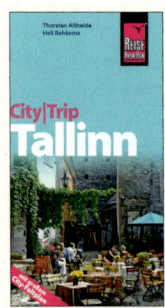

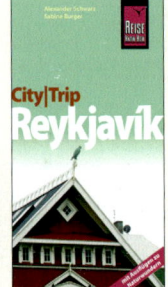